¡Así es la vida!

¡Así es la vida!

A FIRST READER

IN Spanish

ANSON C. PIPER *Williams College*

W · W · NORTON & COMPANY · INC · New York

LIBRARY OF CONGRESS CATALOG CARD NO. 58–5548

PRINTED IN THE UNITED STATES OF AMERICA

A LA MEMORIA DE

MI PADRE,

AMIGO DE LOS HOMBRES

Contents

Foreword

This introductory reader consists of a series of eighteen graded articles, or vignettes, ranging from the extremely simple to the relatively complex. The initial lessons are sufficiently easy to permit an early introduction of the reading experience in the first semester of the college course, while the later chapters, more syntactically challenging, are aimed at creating a gradual transition to the second-year level. Secondary school teachers would probably want to defer the introduction of this reader to the second half of the first year.

It has long been my belief that the proper role of a reading text is to enable the student to learn to *read* by building up his *passive* vocabulary as early as possible. While nobody will deny that the acquisition of a reasonably workable *active* vocabulary is highly desirable, such an end is not the *primary* aim of the reading experience. A reader is not a conversation manual. Training in the oral-aural skills, although an important part of the language-learning process, is better acquired through methods and devices lying outside the reading realm. This is not to say that a passive knowledge of Spanish is an end suffi-

cient in itself, but it is a frank admission of the inescapable
fact that the ability to read accurately and enjoyably is
a declining art, the mastery of which can only be attained
through certain techniques and disciplines which are quite
distinct from those normally employed in the oral-aural
approach. While the two aspects of language-learning are
inevitably allied, they are never identical—nor should they
be considered so.

In writing these little *cuadros* I have endeavored to com-
bine natural Spanish prose with subject matter sufficiently
lively and sophisticated to hold the beginner's interest from
the very start. Whenever the natural flavor and richness
of the Spanish language have conflicted with the limitations
imposed by the standard word-frequency lists, the latter
have given way to the former. Most experienced teachers
will agree that a reading text created expressly to conform
to a given vocabulary range not only smacks of the artificial
and the contrived but frequently kills any genuine interest
that the student may have. By the same token, any attempt
to alter the prose of a recognized Spanish writer in order
to make it fit a predetermined vocabulary level usually re-
sults in an injustice to the writer.

I have, therefore, attempted to bridge the gap between
the high-frequency text and the unfettered writing of
Spanish or Spanish-American authors by supplementing
my basic vocabulary with easily recognized cognates of
English words, and by giving in the footnotes the meanings
of deceptive cognates, unusual words, proper nouns, and
difficult idioms. I have deliberately avoided the temptation
to oversimplify the Spanish language, for it has been my
own experience that liveliness of context and honesty of
phrase are usually more appealing to language students (and
their teachers) than mere facility of grammar and syntax.

Each lesson has as its core a prose passage in Spanish dealing with some universal human trait or foible. I have sought to avoid the conventional "trip to the zoo" and "visit to the museum" by allowing my characters to speak for themselves through their reactions to the situations in which they happen to be involved. Each prose passage is followed by a variety of exercises (*cuestionarios*, fill-ins, true-or-false statements, word-recognition drills, etc.), all intended to develop the student's awareness of normal Spanish usage, and to increase his confidence in his own abilities to read Spanish prose with reasonable ease and pleasure. In this connection, teachers may find it advisable to take up *Exercise B* (word-recognition) with the class, *prior* to assigning the lesson for preparation. In this way students will become better aware of their own linguistic resourcefulness and will be spared much dreary word-searching later on.

Finally, I should like to take this opportunity to express my sincere gratitude to various Williams colleagues who have been kind enough to read and criticise the manuscript of this text, and especially to Professor Antonio García de Lahiguera, whose wise and cogent comments on each and every page are deeply appreciated. I am also indebted to Mr. Donald D. Walsh, of The Choate School, for his very sound and practical advice during the preparation of this book.

ANSON C. PIPER

¡Así es la vida!

Uno

El animal racional

Los hombres, las mujeres y los niños forman la raza humana.
Es decir,[1] son animales racionales. No son como los animales
de cuatro pies; tampoco son como los pájaros. Los hombres
(y también las mujeres y los niños) tienen dos pies y dos
brazos. Usan los pies para andar (es decir, para ir de un sitio 5
a otro), y usan los brazos para coger cosas.

Además de los brazos y los pies los hombres tienen
cabeza. Usan la cabeza para pensar. Algunos hombres usan
la cabeza muy poco, pero hay hombres (los filósofos, por
ejemplo) que usan la cabeza constantemente para pensar 10
en cosas importantes: la vida, la muerte, el universo, Dios,
etc. ¿Es Vd. filósofo?

Los hombres, igual que los animales no racionales, tienen
que[2] comer para vivir, es decir, para no morir. Algunos
hombres comen mucho (generalmente son muy gordos), y 15
otros comen poco; pero todos necesitan comer algo. Para
comer los hombres usan la boca. También usan los brazos
y las manos para llevar la comida o la bebida de la mesa a la
boca.

---

[1] Es decir   *that is*
[2] tienen que (tener que + inf.)   *have to*

Además de comer, los hombres tienen que dormir para vivir. Algunos duermen mucho (son "dormilones"), y otros duermen poco, pero todos (incluso los filósofos) necesitan dormir. En general los hombres duermen en la cama, pero
5 hay algunos que duermen en la sala de clase. Algunos de ellos duermen en clase porque no duermen por la noche,[3] y otros duermen en clase porque, según ellos, el profesor es poco interesante.[4] Cuando duermen los hombres tienen los ojos cerrados (y, a veces, la boca abierta). ¡Qué agradable
10 es el dormir!

Ejercicios

A. Cuestionario:

1. ¿De qué raza son los hombres? 2. ¿Para qué usan los pies los hombres? 3. ¿Para qué tienen brazos los hombres? 4. ¿Tienen cabeza todos los hombres? 5. ¿Qué hombres usan la cabeza constantemente? 6. ¿En qué piensan los filósofos? 7. ¿Para qué comen los hombres? 8. ¿Qué usan para comer? 9. ¿Por qué duermen algunos niños en la sala de clase? 10. ¿Es Vd. dormilón? ¿Por qué?

B. Adivínese el sentido de:

1. la raza humana 2. los filósofos 3. constantemente 4. importante 5. el universo 6. generalmente 7. en general 8. el profesor 9. en clase 10. interesante

---

[3] por la noche *at night*
[4] poco interesante *uninteresting*

C. Dense los contrarios de:

1. el pie   2. morir   3. la mujer   4. mucho   5. la vida   6. cerrado   7. a veces

D. Usense en frases completas:

1. por la noche   2. tienen que   3. es decir   4. a veces   5. generalmente   6. además de   7. por ejemplo

El animal social

Los hombres, igual que ciertos insectos, viven en organizaciones sociales bastante complicadas. En la sociedad moderna ningún hombre puede vivir con una independencia total. Todos tenemos que vivir bajo alguna forma de
5 gobierno. Algunos de nosotros vivimos en monarquías, bajo un rey. Otros vivimos en repúblicas, bajo un presidente. Pero todos tenemos que respetar las leyes de la nación en que vivimos. Los pocos hombres que prefieren vivir sin ninguna forma de gobierno son anarquistas. Sólo quieren
10 vivir en la anarquía (es decir, en las nubes).

El hombre, como animal racional y social, debe tener algún interés en la vida política de la nación en que vive. En un país democrático, por ejemplo, todos los hombres tienen la obligación (o el privilegio) de votar. Pero a pesar
15 de esto muchos no votan. Es decir, son políticamente pasivos. Hay otros, sin embargo,[1] que son muy activos. No sólo votan sino que también participan personalmente en la política de su país. Estos son los "políticos," y son "buenos" o "malos" según el partido a que pertenecen. Los
20 políticos que quieren tomar posesión del gobierno llaman

---

[1] sin embargo *nevertheless*

"malos" a los que están en el poder, y vice versa. Esto no es siempre muy lógico, pero por lo menos[2] indica que la libertad política vive todavía.

No sólo hay gobiernos nacionales sino también gobiernos locales. Es decir, cada ciudad tiene su propia organización 5 política. Así, por ejemplo, el ayuntamiento es para la ciudad lo que es el congreso para la nación entera. El alcalde de una ciudad es más o menos como el presidente de una nación; y la policía municipal es como un ejército nacional en miniatura. 10

Pero ninguna organización social puede ser buena si los hombres son malos, y tampoco puede ser mala si los hombres son buenos. Es decir, la vida pública de los hombres es un reflejo directo de su vida privada. Por eso[3] vamos a[4] mirar ahora la vida privada de un animal social "domesticado." 15

Ejercicios

A. Cuestionario:

1. ¿Por qué son los hombres como ciertos insectos?
2. ¿Por qué no es una monarquía como una república?
3. ¿Cómo viven los anarquistas?   4. ¿Qué obligación (o privilegio) tienen los hombres que viven en un país democrático?   5. ¿Qué es un político?   6. ¿Qué quieren hacer los políticos que no están en el poder?
7. ¿Qué es un ayuntamiento?   8. ¿Por qué no es un alcalde como un presidente?   9. ¿Qué necesita la sociedad para tener un gobierno bueno?

---

[2] por lo menos   *at least*
[3] Por eso   *therefore*
[4] vamos a + inf.   *let's . . .*

B. Adivínese el sentido de:

1. insecto   2. organización   3. complicado   4. independencia   5. monarquía   6. república   7. nación   8. anarquista   9. racional   10. democrático   11. obligación   12. privilegio   13. pasivo   14. activo   15. posesión   16. lógico   17. libertad   18. nacional   19. local   20. congreso   21. presidente   22. municipal   23. miniatura   24. directo   25. domesticado

C. Dense los contrarios de:

1. activo   2. bueno   3. sociedad organizada   4. más   5. municipal   6. ninguno   7. público

D. Complétense las frases siguientes:

1. En la sociedad moderna tenemos que vivir bajo _____. 2. Los anarquistas prefieren vivir sin _____. 3. Los hombres que no votan son _____. 4. Los hombres que son políticamente activos _____. 5. Los políticos que no están en el _____ quieren tomar posesión _____. 6. _____ hay gobiernos nacionales _____ también gobiernos locales. 7. El congreso es _____ lo que es el ayuntamiento para la _____. 8. Cada _____ tiene su ejército nacional. 9. Si los hombres son malos el gobierno no puede _____. 10. La vida _____ de los hombres es un _____ directo de su vida privada.

Tres

El animal social domesticado

Los hombres tienen la costumbre de vivir en edificios particulares,[1] llamados "casas," para buscar protección contra
la lluvia, el sol y las suegras. Hay casas grandes, de quince o
veinte cuartos, y casas pequeñas de cinco o seis. Pero, grande
o pequeña, la casa es el "Castillo" del animal social. Es el 5
sitio donde el hombre y su familia buscan la seguridad, el
reposo y el amor. En casa pasamos los momentos más
felices (y a veces más tristes) de la vida. En efecto, la casa
es el centro de toda la actividad humana.

Tengo un amigo que busca una casa en un nuevo barrio 10
de viviendas de Chicago. Mi amigo tiene, además de la
esposa, cuatro hijos, dos perros y un canario. ¡Qué barbaridad![2] Es evidente que necesita una casa bastante grande.
Pero como las casas nuevas cuestan mucho dinero, tiene
que contentarse con una casa relativamente pequeña, con 15
tres dormitorios nada más.[3] Además de costar mucho, las
casas nuevas son muy escasas. Por eso mi amigo no tiene una
selección muy grande. El y su esposa pasan muchas horas
estudiando planos, visitando viviendas recién construídas

[1] particulares *separate, private*
[2] ¡Qué barbaridad! *Heavens, my gosh!*
[3] nada más *only*

7

y comparando precios. El comprar una casa no es cosa de risa.[4]

Ayer vi a mi amigo en la farmacia y me dijo que casi han hecho su decisión. La casa que quiere comprar es de siete cuartos, con garaje, y tiene un terreno bastante amplio para hacer un jardín y un patio de recreo para los chicos. En general la esposa está muy contenta con la casa, pero tiene la impresión de que la cocina (el sitio donde ella pasa la mayor parte del tiempo) no es bastante grande. Sin embargo, el marido está seguro de que la casa tiene muchas ventajas que compensan las dimensiones relativamente pequeñas de la cocina. La construcción del edificio es sólida, de madera bien curada; el sistema eléctrico es adecuado, con enchufes en todas partes;[5] y la calefacción a petróleo es la más moderna que hay. Claro que no hay bastantes armarios en los dormitorios, ni hay chimenea[6] en el salón, pero estos detalles, según el marido, son de poca importancia. Para él, los armarios que hay son suficientes, ¿y quién necesita una chimenea en el salón si la calefacción a petróleo funciona como debe?

En fin,[7] parece que la familia va a instalarse tan pronto como posible. La única cosa que tienen que hacer para mudarse de casa es pagar el primer plazo.

Ejercicios

A. Cuestionario:

    1. ¿Por qué viven los hombres en casas particulares?

    2. ¿Por qué es importante la casa en la vida

---

[4] no es cosa de risa   *is no laughing matter*
[5] en todas partes   *everywhere*
[6] chimenea   *fireplace*
[7] En fin   *in short*

del hombre? 3. ¿Qué busca el amigo del autor? 4. ¿Por qué necesita el amigo una casa bastante grande? 5. ¿Tiene una selección grande o pequeña? ¿Por qué? 6. ¿Qué tiene la casa que va a comprar? 7. ¿Dónde pasa la esposa la mayor parte del tiempo? 8. ¿Qué ventajas tiene la casa? 9. Según el marido ¿por qué no necesitan una chimenea en el salón? 10. ¿Qué tiene que hacer la familia para instalarse en la nueva casa?

B. Adivínese el sentido de:

1. edificio 2. protección 3. castillo 4. familia 5. momento 6. centro 7. actividad 8. canario 9. selección 10. contento 11. impresión 12. construcción 13. sólida 14. sistema 15. eléctrico 16. adecuado 17. importancia 18. garaje

C. Dense los contrarios de:

1. pequeño 2. felices 3. la actividad 4. la esposa 5. los chicos 6. ella 7. general 8. bastante 9. mucho

D. Complétense las frases siguientes:

1. Una casa de quince o veinte cuartos cuesta _____. 2. El padre, la madre y los hijos forman _____. 3. En un nuevo barrio de viviendas hay casas _____ construídas. 4. Los perros son _____, pero los canarios son _____. 5. El cuarto en que dormimos se llama el _____. 6. El _____ una casa no es cosa de risa. 7. Los _____ pasan mucho tiempo en el patio de recreo. 8. La esposa pasa mucho tiempo en _____. 9. En general las casas están construídas de _____. 10. Los enchufes forman parte del sistema _____.

E. Usense en frases completas:

1. en casa   2. buscar   3. estudiando planos   4. estar
seguro de que   5. en todas partes   6. según   7. funcionar   8. tan pronto como posible   9. estar contento
con   10. el primer plazo

Cuatro

El hombre-burro

De todos los animales de cuatro patas el burro es quizá el que[1] trabaja más y se queja menos. Muchas personas creen que es un animal estúpido, pero en realidad no lo es. Lo que[2] toman por estupidez no es más que[3] paciencia y resignación.

Entre los animales racionales (es decir, de dos pies) [5] también hay burros. Estos hombres-burros trabajan resignadamente todos los días, levantándose con el sol, saliendo de casa sin tener apenas tiempo para besar a la esposa, y pasando largas horas monótonas en alguna oficina, fábrica o tienda. Algunos de estos hombres-burros parecen estar [10] contentos con su vida, pero muchos tienen la impresión de que no ganan bastante dinero y que deben buscar algún mejor empleo para dar de comer[4] a su familia o para comprar, en el futuro muy lejano, una linda casa en el campo.

Juan Antonio Izarte es un buen ejemplo del tipo hombre- [15] burro. Leal y paciente, hace casi veinte años que trabaja[5] en el National City Bank de Buenos Aires. Pero a pesar de

---

[1] el que   *the one that*
[2] Lo que   *what, that which*
[3] no ... más que   *only, nothing but*
[4] dar de comer   *feed*
[5] hace ... que trabaja   *has been working for ...*

11

su fidelidad sigue todavía en la misma ventanilla de "Cobros," y comienza a creer que nunca va a ser ascendido.

Todos los días a las ocho[6] de la mañana Juan Antonio sale de su casa, toma el autobús (o el "colectivo," como dicen
5 en Buenos Aires) en la esquina, y llega a las ocho y veinticinco a la Plaza de Mayo. Allí baja del autobús, y en menos de cinco minutos está en su puesto de costumbre,[7] la misma ventanilla de "Cobros" que ocupa desde hace tantos años.[8] A las nueve en punto se abren las grandes puertas metálicas
10 del banco, y casi inmediatamente comienza a entrar el público (incluso muchos hombres-burros también). Algunos sólo quieren cobrar cheques, pero otros desean retirar dinero o depositar cierta cantidad del salario de la semana pasada.

15   — Hola, Juan — dice el empleado que trabaja a su lado. — ¿Qué tal?[9] ¿Qué hay de nuevo?

— Pues nada, Pepe — responde Juan, sin entusiasmo. — Lo de siempre.[10] Mucho trabajo y poco dinero.

— ¡Cómo que poco dinero! Tú y yo no hacemos más que
20 manejar dinero todo el día.

— Hombre, no estoy para bromas — contesta Juan Antonio, algo malhumorado. — Sabes lo que quiero decir.[11] Mucho dinero, sí, pero no es para nosotros.

— Pues, ¿quién sabe? Algún día el jefe tendrá que ascen-
25 dernos, y entonces verás qué vida vamos a llevarnos.[12]

Pero Juan no tiene tiempo para pensar en esta predicción agradable. Un señor viejo se ha acercado a su ventanilla y

---

[6] a las ocho   *at eight o'clock*
[7] de costumbre   *customary, usual*
[8] ocupa desde hace ...   *has occupied for*
[9] ¿Qué tal?   *how are you, how goes it?*
[10] Lo de siempre   *the same old thing*
[11] quiero decir   *I mean*
[12] qué vida vamos a llevarnos   *what a life we'll lead*

Juan tiene que atenderle. Con gran dificultad el viejo saca del bolsillo un portamonedas (también viejo) lleno de billetes de cien pesos, y dice que desea depositarlos. Juan mira primero los billetes, luego mira al viejo. ¡El dinero asciende a diez mil pesos!   5

— ¿Quiere depositarlo todo, señor? — pregunta Juan, algo sorprendido.

— Sí, señor. ¿No se permite?

— Claro que se permite. Hágame el favor[13] de darme la libreta.   10

Y Juan, mientras mira la libreta del viejo, se dice con resignación — ¡La suerte que tienen algunos hombres!

Ejercicios

A. Cuestionario:

1. ¿Qué tipo de animal es el burro? 2. ¿Cómo viven los hombres-burros? 3. ¿Por qué no están contentos algunos hombres-burros? 4. ¿Dónde trabaja Juan Antonio Izarte? 5. ¿Qué hace todos los días a las ocho de la mañana? 6. ¿Qué puesto ocupa Juan Antonio en el banco? 7. ¿Qué ocurre a las nueve de la mañana? 8. ¿Por qué vienen tantas personas al banco? 9. ¿Quién trabaja al lado de Juan Antonio? 10. ¿Por qué no parece estar muy contento Juan Antonio? 11. ¿Quién se ha acercado a su ventanilla? 12. ¿Qué quiere hacer este señor viejo?

B. Adivínese el sentido de:

1. burro   2. estúpido   3. monótonas   4. oficina
5. paciente   6. fidelidad   7. minuto   8. metálicas

---

[13] Hágame el favor de *please*

9. banco 10. público 11. cheque 12. responder
13. entusiasmo 14. predicción

C. Usense en frases completas:

1. todos los días 2. dar de comer 3. autobús 4. de
costumbre 5. todo el día 6. quiere decir 7. pensar
en 8. acercarse a 9. hágame el favor de

D. Defínanse o explíquense en español:

1. la pata 2. el banco 3. la casa 4. el empleo 5. el
empleado 6. depositar

E. Complétense las frases siguientes:

1. El burro parece estúpido, pero _____. 2. Es
necesario trabajar para _____ comer a su familia.
3. _____ casi veinte años que Juan trabaja en el banco.
4. Sale de casa a _____ la mañana. 5. En menos de
cinco minutos está en _____ de costumbre. 6. A las
nueve _____ comienza a entrar el público. 7. ¿Qué
tal? ¿_____ de nuevo? 8. No _____ para bromas.
9. El viejo _____ del bolsillo un _____ lleno de billetes
de cien pesos. 10. Hágame el _____ darme la libreta.

CAPÍTULO

Cinco

El hombre-ardilla

El señor viejo que quería depositar diez mil pesos en el
banco de Juan Antonio Izarte era probablemente uno de
esos hombres llamados "ahorrativos." Los ahorrativos
típicos tienen mucho en común con las ardillas, esos ani-
malitos que viven en los árboles y que son bastante inteli- 5
gentes para darse cuenta de que[1] si no acumulan nueces en
el otoño no van a comer en el invierno.

Claro que hay hombres-ardillas que no se contentan con
ahorrar dinero y que coleccionan toda clase de objetos sin
ningún valor aparente. Así, por ejemplo, hay hombres que 10
hacen colecciones de conchas bonitas, botellas viejas, piedras
preciosas y hasta de toallas de hotel. Pero, por lo general,[2]
los ahorrativos prefieren coleccionar pesos o dólares, guar-
dándolos cuidadosamente en el banco (o en el colchón).

Recuerdo a un tal Evaristo Bermúdez, soltero de setenta 15
años poco más o menos,[3] que vivía desde hacía muchos años
en un barrio pobre de Madrid. Don Evaristo era un ejemplo
clásico del hombre-ardilla de quien hablamos. Sin parientes
ni amigos, vivía solo en una casa vieja y miserable. No tenía

---

[1] darse cuenta de que *realize that*
[2] por lo general *in general*
[3] poco más o menos *more or less, roughly*

trabajo fijo, y se ganaba una vida frugal por medio de unas habilidades variadas y pasajeras. A veces servía de traductor de cartas comerciales, otras veces trabajaba de mozo de ascensor en un pequeño hotel de la Calle del Carmen, y a
5 intervalos prestaba sus servicios a una librería[4] de la Castellana (pues a don Evaristo le gustaban mucho los libros.) Allí le dejaban empaquetar los libros pedidos por correo y colocar artísticamente en el escaparate las ediciones más recientes y lujosas.

10   Pero lo más curioso[5] era que don Evaristo, a pesar de su pobreza aparente, poseía una fortuna considerable (heredada muchos años antes) que tenía escondida en varios sitios misteriosos de su vivienda triste. El pobre soltero no gastaba nada, o casi nada, pues su único interés era mantener intacto
15 el dinero que ya era suyo. De su riqueza escondida nadie sabía nada, por supuesto.

   —Buenos días, don Evaristo. ¿Qué tal? — le decía la señora flaca y fea del tercer piso.

   —Regular,[6] señora, regular. Hay que trabajar todo el
20 tiempo para comer.

   —Pues, claro. En esta vida miserable siempre somos los pobres los que sufrimos y callamos.

   —Paciencia, mujer. Cada uno hace lo que puede. ¿Y quién sabe? Tal vez en la otra vida encontremos una exis-
25 tencia más feliz.

   —Ojalá, hombre — contestaba la vecina fea, preguntándose secretamente por qué ese don Evaristo podía tener una fe tan firme en la felicidad de ultratumba.

   En efecto, la gran manía de don Evaristo era ahorrar para
30 la otra vida, es decir para su propio bienestar celestial.

---

[4] librería   *bookstore*
[5] lo más curioso   *the strangest part about it*
[6] Regular   *fair, so-so*

Apenas comía más que pan y salchichas, usaba todos los días el mismo traje y los mismos zapatos rotos, y, como no tenía ni parientes ni amigos, nunca tenía que prestar dinero. Lo más curioso era que este soltero ahorrativo no daba más que dos o tres pesetas mensuales a la iglesia, a pesar de su gran 5 interés personal en la vida de ultratumba. Y así pasaba sus últimos años don Evaristo Bermúdez, ahorrando y viviendo voluntariamente en la pobreza más abyecta. ¿Para qué?

Un día de mayo, en el año de 1924, los vecinos de don Evaristo supieron que el pobre soltero había muerto, solo 10 en su cuarto, sin amigos ni parientes. Pero ¡qué sorpresa general cuando dos días después fué enterrado el viejo miserable! ¡Nunca se había visto coche fúnebre tan elegante; nunca se había oído misa de requiem tan solemne ni tan perfumada de incienso; nunca se había construído mausoleo 15 tan lujoso como el de don Evaristo Bermúdez! Aquel día muchos curiosos acompañaron al cadáver hasta el cementerio, pero desde aquella fecha nadie visita la tumba del viejo ahorrativo.

Ejercicios

A. Cuestionario:

1. ¿Con qué animales tienen mucho en común los ahorrativos? 2. ¿Qué es una ardilla? 3. ¿Qué tienen que hacer las ardillas para comer en el invierno? 4. Por lo general ¿qué prefieren coleccionar los hombres-ardillas? 5. ¿Dónde vivía don Evaristo Bermúdez? 6. ¿Cómo se ganaba la vida? 7. ¿Qué hacía don Evaristo en la librería de la Castellana? 8. ¿Qué es un soltero? 9. ¿Cuál era el único interés que tenía don Evaristo? 10. ¿Quién vivía en el

tercer piso? 11. ¿Qué se preguntaba la señora del tercer piso después de hablar con don Evaristo? 12. ¿Qué hacía don Evaristo para no tener que gastar dinero? 13. ¿Qué supieron los vecinos un día de mayo? 14. ¿Cómo fué enterrado el pobre soltero?

B. Adivínese el sentido de:

1. probablemente   2. típico   3. en común   4. acumular   5. colección   6. clásico   7. servicio   8. edición reciente   9. curioso   10. misterioso   11. interés 12. intacto   13. sufrir   14. secretamente   15. manía 16. voluntariamente   17. solemne   18. acompañar 19. cadáver   20. visitar

C. Dense los contrarios de:

1. bonita   2. fijo   3. mozo   4. aparente   5. pobreza 6. esta vida   7. frugal   8. vivir

D. ¿Son "ciertas" o "falsas" las frases siguientes?

1. Los ahorrativos gastan mucho dinero.   2. Los hombres-ardillas siempre coleccionan objetos de gran valor.   3. El colchón es parte de la cama.   4. Don Evaristo vivía solo en un barrio poco elegante de Madrid.   5. Don Evaristo era traductor de libros recientes.   6. Nadie sabía que el viejo tenía una fortuna escondida.   7. La vecina fea decía que los pobres siempre sufren y callan.   8. Don Evaristo no hacía más que pensar en la vida de ultratumba.   9. El soltero ahorrativo daba mucho dinero a la iglesia. 10. Muchas personas van todos los días al cementerio a mirar el lujoso mausoleo de don Evaristo.

E. Usense en frases completas:

1. darse cuenta de   2. por medio de   3. servir de
4. gastar   5. por supuesto   6. hay que   7. ni ... ni
8. desde aquella fecha

Seis

El hombre-golondrina

Es una noche fría de febrero. Hace mucho viento y cae una lluvia glacial sobre las calles desiertas de Zaragoza. Pero dentro de su casa, junto a la chimenea que arde, la familia de Pedro Llorente estudia con afán un mapa de turismo. El
5 mapa muestra los caminos principales de España, y la familia Llorente (a pesar del mal tiempo que hace)[1] ya está pensando en su viaje anual de verano. El planear este viaje es un acto ritual en casa de Pedro Llorente, como en casa de todos los hombres-golondrinas. Pues, así como esas aves migra-
10 torias van y vienen, según las estaciones del año, con una regularidad maravillosa, el hombre-golondrina organiza sus vacaciones anuales con una minuciosidad increíble. ¡Hay que ver el montón de guías, boletines y anuncios que estudian los Llorente desde la Navidad! Parece mentira que
15 una familia que sólo tiene quince días de vacaciones gaste tanta energía en planear una expedición tan corta. Pero así son los hombres-golondrinas. Mucha precisión en las fechas de salida y llegada; mucha exactitud en los detalles de itinerario y alojamiento. Hay personas que creen que las
20 golondrinas vuelan por los aires con una despreocupación

---

[1] mal tiempo que hace   *bad weather* (*outside*)

20

completa, pero esto no es cierto. Las golondrinas, al viajar,[2] revelan un sentido de horario muy fino. Y si no lo creen Vds., miren las famosas golondrinas de San Juan de Capistrano.[3]

Lo curioso es que Pedro Llorente, jefe de una compañía [5] de seguros de Zaragoza, siempre hace el mismo viaje cada verano, sin variarlo nada.[4] Cada quince de agosto, a eso de[5] las ocho de la mañana, mete a su familia en el automóvil y a las cuatro y media del mismo día llegan todos a Sitges, pueblo encantador en la costa mediterránea, situado a [10] doscientos setenta y siete kilómetros de Zaragoza. Allí permanecen siempre hasta el día treinta y uno, cuando se repite la misma operación turística, pero al revés. Lo de[6] consultar mapas y estudiar guías durante meses enteros no es más que un sistema divertido para hacer pasar rápidamente [15] las noches largas y frías de invierno.

—Di, papá —grita Albertín, un niño de siete años, al mirar el mapa Firestone por encima del hombro de su padre.
—¿No vamos a detenernos en Lérida, como el año pasado, a tomar el almuerzo en ese hotel tan lindo? [20]
—¿Y por qué no, hombre? —contesta el padre, de buen humor, pensando sin duda en ese bistec tan suculento que comió allí el año anterior.
—¡Qué bueno! —exclama Isabel, la hermana mayor que tiene casi doce años.[7] —A mí me encanta Lérida. Es un [25] pueblo tan romántico, y . . .

---

[2] al viajar   *in traveling, as they travel*
[3] San Juan de Capistrano   *The Mission of San Juan de Capistrano in California is widely known for the swallows that have built their homes there since Spanish colonial times. It is said that for more than a century the swallows have left the mission on the Feast of Saint John of Capistrano (October 23), and returned on Saint Joseph's Day (March 19).*
[4] nada   *at all, in the slightest*
[5] a eso de   *at about, around*   [6] lo de   *the business of*
[7] tiene doce años   *is twelve (years old)*

— Pero, vamos,[8] Pedro — interrumpe la madre, a quien no le encantan los pueblos románticos. — ¿Crees realmente que el nuevo Volkswagen sea capaz de llevarnos a todos hasta Sitges sin accidente? Es un coche tan chiquito,
5 y nosotros con la cantidad de equipaje que tenemos que llevar . . .

— ¡Por Dios,[9] mujer, no te preocupes por tales cosas! — responde el marido. — El coche es pequeño, conforme. Pero es nuevecito, muy fuerte, y sube las cuestas como si tuviera
10 alas. Vas a ver cómo hacemos el viaje en menos tiempo que nunca. Y, en cuanto al equipaje, lo más práctico será llevar menos. Porque tienes que confesar que los otros años hemos cargado tantas cosas inútiles que . . .

— ¡Eso no, de ninguna manera! — dice la madre con voz
15 firme. — Nada de lo que hemos llevado antes ha sido inútil, y no veo cómo podemos llevar menos este año. Claro que tú podrías dejar en casa todos tus artículos de pesca y de fotografía . . .

— Vamos, mujer, no digas tonterías — grita don Pedro,
20 casi fuera de sí. — ¿Es que yo no necesito, acaso, divertirme también? ¿No trabajo todo el año para poder pagar estas vacaciones anuales? ¿No tengo derecho a llevar lo que quiero? ¿No . . .

— Bueno, hombre. Tranquilízate, que no es para tanto[10]
25 — contesta la esposa, tratando de sosegar al marido enojado.

— Yo quería proponer sencillamente que . . .

Y así continúa la discusión hasta casi la medianoche. Sin embargo, estas golondrinas humanas, a pesar de sus opiniones contrarias, acabarán por hacer este año exactamente lo
30 mismo que en años anteriores. Saldrán de Zaragoza en la

---

[8] vamos   *come now, see here*
[9] Por Dios   *good heavens, for heaven's sake*
[10] no es para tanto   *it's not that important, it's not worth it*

misma fecha, llevarán el mismo montón de maletas y maletines, viajarán por el mismo camino, se hospedarán en el mismo hotel y se bañarán en la misma playa. Todo será lo mismo que antes, menos el nuevo Volkswagen.

Ejercicios

A. Cuestionario:

1. ¿En qué ciudad vive la familia de Pedro Llorente?
2. En general ¿cómo son las noches de febrero?
3. ¿Por qué estudia la familia un mapa de turismo?
4. ¿Qué es una golondrina? 5. ¿Por qué son algunos hombres como las golondrinas? 6. ¿Qué hace la familia Llorente cada quince de agosto? 7. ¿Cuántos hijos tienen los Llorente? 8. ¿Por qué se preocupa la esposa? 9. Según ella ¿qué cosas debe dejar el marido en casa? 10. Según el marido ¿por qué tiene derecho a llevar lo que quiere? 11. ¿Acabarán por hacer este año lo mismo que antes? 12. ¿Qué será diferente?

B. Adivínese el sentido de:

1. febrero 2. glacial 3. estudiar 4. mapa 5. anual
6. acto 7. migratoria 8. regularidad 9. vacaciones
10. boletines 11. energía 12. detalles 13. itinerario
14. aire 15. revelar 16. compañía 17. variar
18. la costa mediterránea 19. situado 20. repetir
21. papá 22. suculento 23. romántico 24. interrumpir 25. práctico 26. firme 27. continuar
28. contraria

C. Dense los sinónimos de:

1. glacial   2. dentro de   3. las aves   4. exactitud
5. no es más que   6. chiquito   7. responder
8. sosegar   9. maletas y maletines

D. Complétense las frases siguientes:

1. Estos mapas _____ los caminos principales de
España.   2. Parece _____ que vayan a la misma playa
todos los años.   3. Salimos de casa a _____ las ocho
de la mañana.   4. Miramos el mapa para hacer pasar
_____ las largas noches de invierno.   5. Vamos a
detenernos en Lérida a _____ el almuerzo.   6. Estoy
pensando _____ ese bistec suculento.   7. A _____ no
me encantan esos pueblos viejos.   8. Tenemos _____
llevar mucho equipaje en el coche.   9. Sube las
cuestas _____ tuviera alas.   10. Vamos a hacer el
viaje en menos tiempo que _____.   11. _____ más
práctico será llevar menos.   12. Nada de _____ hemos
llevado ha sido inútil.   13. Tranquilízate, hombre,
que no es _____ tanto.   14. La familia _____ por hacer
este año lo mismo que en años anteriores.   15. La
familia _____ hospedará en el mismo hotel.

E. Úsense en frases completas:

1. junto a   2. hacer buen (mal) tiempo   3. al viajar
4. a eso de   5. al revés   6. tener doce años   7. en
cuanto a   8. tratar de   9. acabar por

Siete

El hombre-león

Así como algunos hombres cultivan con afán sus habilidades
literarias o sus talentos artísticos, hay otros que se dedican
con el mismo fanatismo a desarrollar sus capacidades atléticas. Estos nunca pierden ocasión[1] de frecuentar los gimnasios ni dejan pasar el fin de semana sin jugar al tenis o 5
sin nadar en alguna piscina. Son éstos los que se miran todas
las mañanas en el espejo para asegurarse de la esbeltez de
su talle y ver si los hombros musculosos no les[2] han crecido
un poquito más desde el día anterior. Semejante al rey de
los animales, cuya fuerza muscular y gracia felina son pro- 10
verbiales, el hombre-león está dispuesto a exhibir su torso
de estatua griega a todas horas y en todo lugar (especialmente en presencia del llamado[3] "sexo débil"). Generalmente le gusta más el verano que las otras estaciones del año,
ya que[4] en esta época las playas están más llenas de chicas 15
guapas que constituyen, para él, un público ideal. En efecto,
el hombre-león está en su elemento cuando no viste más
que un traje de baño o alguna otra prenda muy abreviada.

[1] pierden ocasión *miss an opportunity*
[2] les (omit in translating)
[3] llamado *so-called*
[4] ya que *since, inasmuch as*

El verano pasado yo conocí en Mar de Plata (hermoso pueblo costero de la provincia de Buenos Aires) a uno de estos hombres hercúleos. Jorge Urbina (pues así se llamaba) era un joven de veintitrés años, y su buen humor y opti-
5 mismo alegre eran superados sólo por sus proezas atléticas. Cada mañana, a eso de las siete, le veía desde el balcón de mi hotel corriendo playa arriba[5] hasta perderse de vista en la neblina matinal. Media hora después, reaparecía esta figura bronceada, corriendo todavía, pero en dirección
10 contraria. Más tarde, cuando ya éramos buenos amigos, me explicó que estas carreras diarias no sólo le abrían el apetito[6] sino que también le ofrecían la ocasión de "sudar mucho" (condición indispensable en el régimen riguroso de estos Adonis modernos.) Mi amigo me confesó también que
15 además de correr le gustaba mucho hacer un poco de calistenia al aire libre[7] (entre las once y las doce de la mañana) después de haber nadado unos mil metros, para "mantenerse en forma."

A medida que crecía nuestra amistad yo iba descu-
20 briendo[8] otros detalles interesantísimos acerca de la vida vigorosa de Jorge Urbina. Era profesor de cultura física en una escuela secundaria (creo que era inglesa) de Buenos Aires, y pasaba sus vacaciones de verano en Mar de Plata donde trabajaba de maestro de natación en el casino. Había
25 asistido a una universidad norteamericana donde se había destacado brillantemente en el fútbol, la natación y los juegos de campo y pista. Allá en el norte Jorge tenía todavía muchos buenos amigos, y no pasaba semana sin que el joven atleta recibiera por lo menos una carta perfumada de alguna

---

[5] playa arriba *up the beach*
[6] le abrían el apetito *gave him an appetite*
[7] al aire libre *in the open air*
[8] yo iba descubriendo *I kept discovering*

señorita yanqui cuyo corazón él había cautivado. Pero yo tenía la impresión de que el lado romántico de la vida de Jorge Urbina quedaba, ahora, totalmente eclipsado por su devoción a la cultura física.

Un día me paseaba tranquilamente por la explanada que ₅ corre paralela a la playa cuando, de repente, sentí en mi hombro derecho una palmada tan enérgica que por poco me caigo⁹ al suelo. En seguida me di cuenta de quién era mi agresor.

— Hola, viejo. ¿Cómo te va? — me gritó Jorge, dándome ₁₀ terribles golpes en la espalda como si fuéramos enemigos mortales en vez de¹⁰ buenos compañeros. — ¿Por qué no vienes conmigo al gimnasio? Nunca te veo hacer ejercicio. ¿No te gusta la vida saludable?

— Claro que me gusta — le contesté, después de recobrar ₁₅ mi equilibrio. — Por eso mismo he venido a pasar un par de semanas a Mar del Plata. Pero . . .

— No hay pero que valga.¹¹ Tú no haces más que pasearte y tomar el sol. Debes cuidar de los músculos; debes ensanchar los pulmones.   ₂₀

— Pues, hombre, ya lo sé.¹² Por eso me paseo; por eso me baño en el mar todos los días. ¿Debo acaso hacer más?

— Vamos, ya lo creo.¹³ ¡Mírate! ¡Qué flacucho estás! ¡Y esa manera de andar, tan lenta e indecisa! Pareces medio muerto.   ₂₅

— Escúchame, Jorge. Te aseguro que nunca me he sentido mejor que ahora. Tomo todas las comidas con apetito excelente; duermo a pierna suelta todas las noches: en fin, no puedo quejarme de nada.

---

⁹ por poco me caigo *I almost fell*
¹⁰ en vez de *instead of*
¹¹ No hay pero que valga *There are no "buts" about it*
¹² ya lo sé *I'm quite aware of it*
¹³ ya lo creo *I should say so*

— Sí, eso lo dices ahora — me respondió Jorge con cierto tono de superioridad — pero uno de estos días te pondrás gravemente enfermo por falta de ejercicio, y luego ...

— Bueno, joven — dije al fin, cediendo a sus ruegos in-
5 cesantes — para que sepas que soy todavía tu amigo (a pesar de tus alusiones poco lisonjeras a mi estado físico) te acompañaré mañana sin falta a tu dichoso gimnasio, y tú quedarás satisfecho. ¿Conforme?

— ¡Estupendo, hombre, estupendo! Hasta mañana, en-
10 tonces. — Y Jorge se fué contento, pero no sin haberme golpeado de nuevo sobre el hombro dolorido.

Al día siguiente, a la hora citada, fuí a la casa de huéspedes donde vivía Jorge para ir juntos al gimnasio. Pero ¡qué sorpresa! El ama de la casa que acudió a mi llamada me
15 anunció en voz triste que "el pobre don Jorge" había cogido un resfriado muy fuerte y debía guardar cama todo el día.

Ejercicios

A. Cuestionario:

1. ¿A qué se dedican con afán los hombres-leones?
2. ¿Qué hacen todas las mañanas estos hombres atléticos? 3. ¿Quiénes constituyen el llamado "sexo débil"? 4. ¿Por qué le gusta al hombre-león el verano? 5. ¿Dónde está Mar del Plata? 6. ¿Qué hacía todas las mañanas Jorge Urbina? ¿Por qué hacía esto? 7. ¿Cómo se ganaba la vida Jorge Urbina? 8. ¿Qué había hecho en Norteamérica? 9. ¿Por qué quiere Urbina que el autor vaya con él al gimnasio? 10. ¿Qué diferencia hay entre el autor y Jorge Urbina? 11. ¿Adónde fué el autor al día siguiente? 12. ¿Por qué no podía salir de casa el hombre-león?

B. Adivínese el sentido de:

1. fanatismo 2. habilidades literarias 3. talentos artísticos 4. capacidades atléticas 5. frecuentar los gimnasios 6. musculosos 7. bestia 8. estatua 9. especialmente 10. abreviada 11. balcón 12. en dirección contraria 13. condición indispensable 14. riguroso 15. calistenia 16. amistad 17. cultura física 18. escuela secundaria 19. universidad norteamericana 20. fútbol 21. perfumada 22. yanqui 23. eclipsado 24. tranquilamente 25. explanada 26. enérgica 27. enemigos 28. compañero 29. equilibrio 30. indecisa 31. tono de superioridad 32. gravemente 33. incesante 34. alusiones 35. sorpresa

C. Dense los contrarios de:

1. siempre 2. el día anterior 3. débil 4. el verano 5. el enemigo 6. joven 7. indeciso 8. le gusta más 9. alguna 10. recibir 11. ir 12. la noche

D. ¿Son "ciertas" o "falsas" las frases siguientes?

1. Vamos al gimnasio para cultivar nuestros talentos literarios. 2. Mar de Plata es un hermoso pueblo costero de la Argentina 3. Las mujeres constituyen el llamado "sexo débil." 4. Vestimos un traje de baño cuando nadamos. 5. Los atletas se destacan siempre por sus habilidades artísticas. 6. Jorge Urbina pasaba todo el día en el balcón de su hotel. 7. La calistenia al aire libre nos abre el apetito. 8. Los profesores de cultura física deben cuidar de la esbeltez de su talle. 9. Para nadar en el invierno hay que ir a una piscina. 10. Generalmente dormimos a pierna suelta después

de hacer ejercicio físico. 11. Según Jorge Urbina el
autor está flacucho por falta de ejercicio. 12. El
autor no hace más que frecuentar el gimnasio. 13. El
autor dió un golpe terrible al joven atleta. 14. Jorge
Urbina y el autor viven en el mismo hotel. 15. Hay
que guardar cama cuando estamos enfermos.

E. Defínanse o explíquense en español:

1. un gimnasio 2. una piscina 3. Mar del Plata
4. una palmada 5. dormir a pierna suelta 6. guardar cama 7. un león 8. un atleta

CAPÍTULO

Ocho

El hombre-buho

Es la una de la noche. Toda la casa duerme, y no se oye
ningún ruido. Pero en un cuarto remoto, allá en el piso alto,
un hombre pequeño con gafas enormes está trabajando.
Mejor dicho,[1] está meditando. Rodeado de libros muy
grandes, manuscritos viejos, revistas extranjeras y mucho 5
polvo, el doctor Efraín Anastasio López y Calvo, catedrático de filosofía de una gran universidad sudamericana, goza
de la soledad familiar de su gabinete de trabajo. Allí, en las
altas horas[2] de la noche, nadie viene a molestarle, y el buen
erudito puede dedicarse libremente a sus investigaciones 10
filosóficas. Esta noche, como todas, el gran sabio se quedará
trabajando allí hasta las tres y media o las cuatro de la
madrugada. Luego, vencido al fin por el sueño, dejará sus
libros y sus papeles, bajará al dormitorio del primer piso, y,
metido en su cama, dormirá hasta el mediodía. Como el 15
doctor López y Calvo tiene la suerte de no dar clase hasta
las cuatro de la tarde, encuentra completamente natural esta
vida nocturna. En efecto, la prefiere a cualquier otra, pues

---

[1] mejor dicho   *rather, more precisely*
[2] las altas horas   *the wee, small hours*

31

tal programa le permite trabajar en paz, lejos del "mundanal ruido," según diría Fray Luis de León.[3]

Hay que decir, entre paréntesis, que don Efraín es casado. Pero, como todos los hombres-buhos, ve a su esposa muy
5 pocas veces. La pobre señora de López nunca ha podido adaptarse al horario extraño de su marido, y, por consiguiente, los dos cónyuges sólo logran cambiar algunas palabras mientras toman juntos el almuerzo o la cena. Durante el resto del día don Efraín, si no está durmiendo, vive
10 retirado en su gabinete de trabajo. Pero doña Gertrudis de López, ya resignada a su suerte desde hace muchos años, sabe que éste es el precio que tiene que pagar por el raro privilegio de llamarse la esposa del "ilustre catedrático de filosofía, don Efraín Anastasio López y Calvo."

15 En la noche de que estamos hablando, don Efraín se encuentra, como de costumbre, encerrado en su gabinete. Pero el sabio parece estar muy preocupado. En vez de escribir o de consultar sus libros enormes, está allí sin hacer nada, con la mirada fija en algún punto vago, muy lejano. El hecho
20 es que esa misma tarde ha tenido una discusión bastante desconcertante con Pepe, el camarero del café que siempre frecuenta. La conversación ha sido más o menos la siguiente:

—Dígame, Pepe. ¿Somos realmente?

— ¿Somos realmente qué, don Efraín? —contestó el
25 mozo, poniendo sobre la mesa el vaso de café que había pedido el catedrático.

—Pues ¿somos? Es decir ¿existimos? ¿Tenemos existencia verdadera?

— ¿Y Vd. me lo pregunta a mí, señor? Yo, francamente,
30 nunca he pensado mucho en esas cosas. Pero supongo que

---

[3] Fray Luis de León *Spanish poet (1537–91), one of whose recurring themes is the happiness implicit in a life of solitary contemplation, far from worldly noise and confusion.*

sí. Yo, que soy de carne y hueso, ¿no estoy aquí delante
de Vd.? Y Vd. ¿no está sentado ahí, deseando sin duda
tomar su cafecito? Pues entonces creo que existimos.

— Pero Vd., Pepe, está hablando de nuestras dos personas
sólo como sustancia material. Y eso en realidad no cuenta. 5
Lo que quiero saber es si realmente existimos en esencia, no
en sustancia.

— ¡Ay, don Efraín! Para mí, todo eso de sustancia y esencia es muy complicado. Yo creo que si la esencia de la vida
es vivir, pues entonces vivimos esencialmente, o algo por el 10
estilo.[4]

— ¡Vamos, amigo Pepe! No confundamos las cosas. Le
he preguntado esto porque precisamente anoche leía en un
libro del filósofo Ortega y Gasset[5] que el individuo puede
definirse declarando sencillamente, "Yo soy yo y mis cir- 15
cunstancias." Ahora, esa definición, para mí, es bastante
obscura, y . . .

— Ca, de ningún modo. Y perdone Vd., don Efraín. Para
mí es cosa muy clara lo que dice ese señor Ortega y Gaceta,
o como se llame. Debe de ser un hombre muy listo. Porque 20
parece que está diciendo sencillamente que yo, Pepe Fonseca,
sólo seré yo mientras siga trabajando de camarero en este
café (donde trabajo desde hace treinta y dos años), rodeado
de estas mismas sillas, sirviendo a estos mismos parroquianos,
y oyendo hablar de las mismas cosas, es decir, de toros, de 25
política, y de mujeres. Pero dejaría[6] de ser yo (es decir, me
cambiaría en otro hombre) si saliera de aquí mañana, sin
más ni más,[7] para trabajar de carpintero o (con permiso
de Vd.) de profesor. Es decir, yo sería, para mi esposa y
mis chicos, otra personalidad. El antiguo Pepe, el del café, 30

[4] algo por el estilo *something like that*
[5] José Ortega y Gasset *Spanish essayist and philosopher (1883-1955)*
[6] dejaría de ser *I would stop being*
[7] sin más ni más *suddenly, just like that*

habría dejado de existir "en esencia" (como ha dicho Vd.),
aunque no "en sustancia," y por eso ...

— Caramba, Pepe. ¿Y de dónde ha sacado toda esa sabiduría? ¡Si yo pudiera explicarlo tan claramente a mis clases!
5 Y dígame, ¿en qué libro ha aprendido Vd. todo eso?

— Bueno, mire Vd., don Efraín, yo no lo he aprendido
en ningún libro, pues (dicho sea en verdad)[8] leo muy poco.
Pero esas cosas uno las siente aquí en el corazón. Y además,
para saber qué es la vida hay que vivirla, nada más. Pero,
10 vivirla de veras, y no ser espectador de la vida como lo son
algunos hombres ...

Pero don Efraín, por una razón inexplicable, ya no tenía
ganas de conversar con el mozo. Momentos después, salió
del café, sintiendo en el fondo de su ser una inquietud ex-
15 traña. Ya de vuelta en su gabinete de trabajo trata de perderse de nuevo en sus investigaciones filosóficas. Pero este
trabajo le parece ahora más difícil, tal vez un poquito inútil.

— ¡Ay, ese Pepe! — se repite el erudito con tristeza. —
¡Ese Pepe!

Ejercicios

A. Cuestionario:

1. ¿Dónde trabaja el hombre pequeño con gafas
enormes? 2. ¿Cómo se llama este hombre?
3. ¿Hasta qué hora se quedará trabajando allí?
4. ¿Por qué puede dormir el catedrático hasta el
mediodía? 5. ¿Por qué ve a su esposa muy raras veces?
6. ¿Qué raro privilegio tiene doña Gertrudis de López?
7. ¿Con quién ha tenido don Efraín una discusión esa

---

[8] dicho sea en verdad *to tell the truth, frankly*

misma tarde? 8. ¿Qué ha preguntado don Efraín al camarero? 9. ¿Cómo le ha contestado Pepe? 10. ¿Quién es Ortega y Gasset? 11. ¿Le gusta a Pepe Ortega y Gasset? ¿Por qué? 12. Según don Efraín ¿sabe mucho el camarero? ¿Por qué? 13. ¿De dónde ha sacado Pepe toda su sabiduría? 14. ¿Por qué no puede trabajar el catedrático después de volver a su gabinete?

B. Adivínese el sentido de:

1. remoto 2. enorme 3. manuscrito 4. investigaciones 5. nocturna 6. prefiere 7. programa 8. permite 9. rara 10. resignada 11. preocupado 12. existencia 13. francamente 14. sustancia material 15. en realidad 16. en esencia 17. complicado 18. precisamente 19. individuo 20. circunstancias 21. obscura 22. perdonar 23. servir 24. carpintero 25. personalidad 26. espectador 27. inexplicable 28. difícil

C. Dense los contrarios de:

1. enorme 2. la esposa 3. el día 4. algo 5. nunca 6. obscuro 7. complicado 8. difícil 9. inútil 10. la tarde 11. preguntar

D. Complétense las frases siguientes:

1. No se oye _____ ruido. 2. El catedrático goza _____ soledad de su gabinete. 3. Se quedará trabajando allí _____ tres y media. 4. Tiene la _____ no dar clase hasta las cuatro. 5. Tal programa _____ trabajar en paz. 6. La pobre señora no _____ al horario extraño de su marido. 7. Doña Gertrudis sabe que éste es el precio _____ pagar. 8. Está allí sin

hacer _____. 9. El mozo puso sobre la mesa el vaso
que _____ el catedrático. 10. _____ quiero saber es si
existimos en esencia. 11. Ese filósofo _____ de ser un
hombre muy listo. 12. Dejaría de _____ yo si saliera
de aquí mañana para meterme a carpintero. 13. No
lo he aprendido en _____ libro. 14. Para saber qué es
la vida _____ vivirla. 15. Momentos después el profesor _____ del café.

E. Usense en frases completas:

1. gozar de   2. hay que   3. por consiguiente
4. como de costumbre   5. pensar en   6. deber de
7. dejar de   8. sin más ni más

Nueve

El hombre-conejo

¿No han visto Vds. alguna vez a esos hombrecitos tímidos que van por la calle con pasos rápidos y nerviosos, mirando por todos lados[1] como si alguien les persiguiera? Generalmente llevan un paraguas debajo del brazo porque temen que vaya a llover (aunque el sol brille espléndidamente), y 5 nunca cruzan de una acera a otra hasta convencerse de que la calle está enteramente libre de camiones, coches y bicicletas. Son éstos los que siempre dan un gran rodeo[2] para no tener que pasar debajo de una escala arrimada a una pared y que nunca entran en los cines por miedo al aire 10 "viciado" y a los microbios. Estos hombres tímidos son como los conejos. Están siempre sobre aviso para huir de cualquier ruido u otra cosa molesta que pueda poner en peligro su vida precaria.

Siempre que[3] veo a uno de estos hombres tímidos pienso 15 inmediatamente en el señor Gabriel Horacio Maldonado, a quien conocí hace tres años cuando viajaba por México. Don Gabriel vive todavía en la capital y me escribe cartas más o menos frecuentes, contándome en ellas cómo la vida

---

[1] por todos lados *in every direction*
[2] dan un gran rodeo *make a big detour*
[3] Siempre que *whenever*

diaria de esa ciudad se va haciendo cada vez más[4] peligrosa
para los pobres mortales que tienen que residir allí. Ayer
recibí una de estas cartas de mi amigo-conejo, y después de
leerla quedé más convencido que nunca de que Maldonado
5 seguirá temiéndolo todo hasta la muerte. Para que Vds.
vean que no invento nada, copio su carta a continuación:

México, D. F.

9 de octubre, 1957

Muy querido amigo,

10   Gracias por su amable carta del día 30 del mes pasado. Vd.
no puede saber cómo sus cartas me llenan de confianza y me
dan el valor moral necesario para hacer frente a los peligros
constantes que le amenazan a uno en esta capital nuestra. ¡Ay,
cuánto me gustaría poder marcharme al campo donde todo es
15 paz y tranquilidad! Pero, desgraciadamente, mis negocios me
obligan a permanecer en ésta,[5] y tendré que conformarme con
la vida loca de aquí, por poco que me guste.[6]

Hoy tengo un resfriado horrible. Creo que lo cogí hace dos
días cuando, contra mi costumbre, salí de casa sin abrigo. Uno
20 no puede fiarse de estos días hermosos. Siempre hay brisas
traicioneras que le sorprenden a uno cuando menos se espera.
Pero, en fin, la culpa la tengo yo por no haber seguido mi rutina
normal.

Ayer pasé un día de todos los diablos. ¡Vd. no tiene idea de
25 cuánto sufrí! En primer lugar, tuve que esperar el tranvía más
de media hora en la esquina. Claro que circulaban muchos,
pero a mí no me gusta meterme en los que van atestados. Detesto las apreturas, como Vd. sabe. Por eso me vi obligado a
dejar pasar siete u ocho hasta que llegó uno que iba relativa-
30 mente vacío. Y luego, cuando llegué a la oficina con más de
veinte minutos de retraso,[7] ¡las miradas hostiles que me lanzó

---

[4] cada vez más   *more and more*
[5] en ésta   *here, in this city*
[6] por poco que   *however little*
[7] con más de veinte minutos de retraso   *more than twenty minutes late*

el jefe! Claro, todos mis compañeros me dijeron después que el jefe estaba bromeando al mirarme de ese modo hostil, pero, sin embargo, eso de llegar tarde me pone siempre muy nervioso.

Otra cosa muy molesta me ocurrió ayer. Hace un par de días que trabaja en la oficina una secretaria nueva llamada Irene González. Ella es muy hermosa y cada vez que mira hacia mí me ruborizo mucho (según dicen mis compañeros), y me pongo tan nervioso que apenas sé lo que hago. Pues, ayer, a eso de las once de la mañana, tuve que ir a la planta baja para cumplir cierta orden del jefe. Por casualidad Irene y yo entramos en el ascensor al mismo tiempo. ¡Nunca podrá Vd. figurarse el mal rato que pasé durante ese descenso! Aun en las mejores circunstancias detesto los ascensores. ¡Uno se siente tan encerrado en ellos! Pero con esa señorita a mi lado, a solas[8] en esa caja volante llena de perfume exótico, ¡cuánto sufrí! Ella me lanzaba miradas sonrientes, como deseando que yo le dijera algo. Y yo estaba sin saber qué hacer ni qué decir, tratando de mirar hacia otro lado.[9] Por fin, después de una eternidad, el ascensor vino a parar en la planta baja. Dejé salir primero a Irene, creyendo que ella desaparecería entre las muchas personas que iban y venían en el recibimiento. Pero no tuve tal suerte. En vez de abandonarme, esa mujer diabólica esperó a que yo saliera del ascensor, y luego, sin más ni más, me dijo — Señor Maldonado ¿no quisiera Vd. tomar un cafecito conmigo? No tardaremos mucho.

¡Ay de mí! ¿Qué podía hacer yo? No tenía más remedio[10] que entrar con ella en el restaurante que hay allí y sentarme al mostrador, junto a ella, para tomar uno de esos "cafecitos" que me sientan[11] siempre tan mal. ¡Qué martirio! Sentía clavadas en mis espaldas las miradas de todos los parroquianos curiosos, y de un momento a otro temía que entrara el jefe.

---

[8] a solas   *alone* (with somebody)
[9] hacia otro lado   *in another direction*
[10] No tenía más remedio   *I had no alternative*
[11] me sientan   *agree with me*

Pero, gracias a Dios, a los diez minutos[12] esa mujer terminó de beber su dichoso "cafecito" y salimos de ese lugar de perdición. Pero ya me había olvidado del asunto de que debía ocuparme por orden del jefe, y tuve que volver a la oficina para pre-
5 guntárselo de nuevo. ¡Ay, qué día pasé! Lo peor es que esta mañana la secretaria ésa me ha sonreído como si nada hubiera ocurrido ayer. ¡Estas mujeres!

Vd. me pregunta si podré pasar mis vacaciones de Navidad con Vd. en Nueva York. Quisiera mucho aceptar su amable
10 invitación, pero francamente no me gustan los viajes tan largos. No puedo soportar los aviones, como Vd. sabe, y en los trenes me es imposible dormir. Y luego, hay tantos accidentes, etc. Por eso tendré que renunciar a verle hasta su próximo viaje a México.
15 Reciba, pues, fuertes abrazos de su buen amigo

                            GABRIEL HORACIO MALDONADO

Ejercicios

A. Cuestionario:

1. ¿Por qué llevan los hombres-conejos un paraguas debajo del brazo? 2. ¿Qué hacen estos hombres tímidos para no tener que pasar debajo de una escala? 3. ¿Dónde conoció el autor al señor Gabriel Horacio Maldonado? 4. ¿Qué cuenta el señor Maldonado en sus cartas al autor? 5. ¿Por qué quiere el señor Maldonado marcharse al campo? 6. ¿Cómo cogió un resfriado horrible? 7. ¿Por qué tuvo que esperar el tranvía más de media hora? 8. ¿Quién es Irene González? 9. ¿Qué hace el señor Maldonado cuando Irene mira hacia él? 10. ¿Qué tuvo que hacer Mal-

---

[12] a los diez minutos   *after ten minutes*

donado después de bajar en el ascensor con Irene?
11. ¿Qué temía Maldonado mientras tomaba su cafecito? 12. ¿De qué se había olvidado Maldonado?
13. ¿Por qué no puede aceptar la invitación del autor?

B. Adivínese el sentido de:

1. bicicleta 2. precaria 3. inmediatamente 4. residir 5. copiar 6. tranquilidad 7. brisa 8. rutina
9. detestar 10. obligado 11. relativamente 12. oficina 13. compañero 14. secretaria 15. entrar
16. circunstancias 17. perfume exótico 18. eternidad 19. persona 20. vacaciones 21. tren 22. renunciar

C. Dense los contrarios de:

1. entrar en 2. más de 3. atestado 4. aceptar
5. nunca 6. la muerte 7. valor moral 8. permanecer 9. miradas sonrientes 10. venir

D. ¿Son "ciertas" o "falsas" las frases siguientes?

1. Los hombrecitos tímidos llevan un paraguas debajo
del brazo porque temen que alguien les persiga.
2. No es fácil cruzar de una acera a otra cuando la
calle está llena de camiones, coches y bicicletas.
3. No pasamos debajo de una escala por miedo a los
microbios. 4. El autor recibe muy pocas cartas del
señor Maldonado. 5. Al señor Maldonado no le gusta
la vida de la capital. 6. Al señor Maldonado no le
gustan las apreturas. 7. La oficina estaba vacía
cuando llegó el señor Maldonado con veinte minutos
de retraso. 8. Hace muchos años que la señorita
González trabaja en la oficina. 9. Es más fácil bajar

en el ascensor que bajar a pie. 10. El señor Maldonado lanzaba miradas sonrientes a la secretaria.
11. El señor Maldonado desapareció rápidamente al
llegar a la planta baja. 12. No le gusta al señor
Maldonado tomar café en el restaurante. 13. La
secretaria temía que entrara el jefe mientras tomaba
café. 14. El señor Maldonado quisiera aceptar la
invitación del autor, pero tiene miedo a los viajes
largos.

E. Defínanse o explícanse en español:

1. un hombre tímido   2. un tranvía atestado   3. una
secretaria   4. un restaurante   5. viajar

CAPÍTULO
Diez

El hombre-oveja

El individualismo y la originalidad son virtudes excelentes. Muchos hombres se dedican con afán a cultivar estas cualidades porque, según dicen, la vida no vale nada sin ellas. Pero hay que reconocer, sin embargo, que el hombre individualista u original se expone frecuentemente al ridículo [5] y, a veces, al peligro, si persigue estos ideales con demasiado entusiasmo. No hay duda que es mucho más fácil no tratar de destacarse de los demás, y esos hombres que se contentan con seguir la corriente "normal," perdiéndose en la mediocridad anónima, viven tal vez[1] más felices y seguros. Estos [10] hombres "anónimos" que por una razón u otra están siempre dispuestos a seguir a "los otros" son como las ovejas. Ortega y Gasset les llama los "hombres-masa." Son muy numerosos y se destacan (si es que se destacan) por su tendencia a dejarlo todo en manos de los "hombres-selectos," [15] es decir en manos de los individuos responsables y enérgicos que no temen la originalidad. En otras palabras, siguen al líder o jefe como si fuesen un rebaño de ovejas.

Mario Fuentes y Fajardo, abogado de profesión, tiene cincuenta y cuatro años de edad y reside en Madrid con su [20]

[1] tal vez *perhaps*

43

esposa y tres hijos. Los que le conocen le encuentran sumamente simpático. Como todos los hombres mansos nunca
quiere contrariar a nadie y siempre hace todo lo que puede
para complacer a sus amigos (sobre todo si esto no le obliga
5 a salir de su rutina normal). Vive tranquilamente en su casa
particular (ni lujosa ni pobre) en un barrio de viviendas
(que si no es muy elegante tampoco es muy humilde). Sus
costumbres son modestas y sus ambiciones pocas o ningunas.
Se contenta con una existencia sencilla y bien ordenada, evi-
10 tando los excesos no por timidez (como el hombre-conejo)
sino por comodidad personal. En su juventud estudió leyes
en la Universidad Central, no porque tuviera verdadero interés en esa carrera sino porque no sabía realmente qué
hacer de su vida. Además, tenía entones muchos amigos
15 que estudiaban leyes, y como la profesión estaba "de moda"
(a pesar de haber abundancia de abogados y escasez de
pleitos) lo más natural y fácil para él era seguir la corriente
general. Hoy en día Mario Fuentes y Fajardo no tiene gran
entusiasmo por la abogacía, pero tampoco le disgusta[2] la
20 profesión. — Al fin y al cabo — se dice, con cierto tono de
suficiencia — si yo no fuera abogado, sería otra cosa.

Me acuerdo, como si fuese ayer, de la primera vez que vi
a este señor. Era la primavera de 1948 y yo, que soy aficionado a los toros y gran admirador de Dominguín,[3] había
25 llegado a la plaza de toros con tiempo de sobra para poder
sacar una buena entrada. Haciendo cola delante de la taquilla, empecé a charlar (como ocurre a menudo en esas
ocasiones) con el señor que estaba detrás de mí.

— Hace un tiempo magnífico para la corrida ¿verdad? —
30 dije.

---

[2] disgusta *displeases*
[3] Luis Miguel Dominguín *considered by many to be Spain's greatest
bullfighter today.*

— Ya lo creo, estupendo — contestó Fuentes y Fajardo, quitándose unas gafas obscuras "contra el sol" para seguir mi mirada hacia arriba. (Me confesó después que usaba esas gafas negras no porque le molestara realmente la luz del sol sino porque todo el mundo las usaba.)

— ¿Vd. va mucho a los toros? — le pregunté, no sabiendo otra cosa que decir.

— Sí, casi todas las semanas, aunque realmente no soy aficionado.

— Entonces, si Vd. no es aficionado ¿por qué va a las co-rridas? — pregunté, algo perplejo.

— Pues, sencillamente por hacer algo. No tengo otra cosa que hacer los domingos, y como va todo el mundo, uno se acostumbra a ir también. Si yo no fuera a los toros, iría sin duda a otro sitio.

Por fin, después de esperar en la cola casi quince minutos, el señor Fuentes y yo sacamos entradas uno al lado del otro. La corrida resultó bastante emocionante (aunque no dejó ninguna impresión visible en mi dócil compañero), y acabada la fiesta brava[4] salimos juntos y fuimos a tomar un aperitivo a un café cercano. Allí, sentados a una mesilla de la terraza, seguimos charlando un rato sobre esto y aquello.

— ¿Vd. piensa venir la semana que viene? — le pregunté.
— Se dice que van a lidiar dos toreros muy buenos.

— No, señor, no puedo. Desgraciadamente tengo que ir a Sevilla para la Feria.

— ¡Pero, hombre, qué suerte! Yo nunca he asistido a la Feria de Sevilla a pesar de viajar mucho por el sur. Dicen que es algo inolvidable. ¿Por qué dice Vd. que "tiene que ir, desgraciadamente"?

— Bueno, es que mi esposa insiste en ir, y yo, natural-mente, tengo que acompañarla. Pero, hablando con fran-

___
4 acabada la fiesta brava *when the bullfight was over*

queza, eso no me gusta nada. Prefiero quedarme tranquilo aquí. ¿Para qué quiero ver todos esos chalanes y gitanos? Si uno quiere ver esas cosas puede ir al cine a mirar el noticiario. Además, eso de viajar en un tren cargado de turistas, por esas tierras andaluzas . . .

— Entonces ¿no le gusta viajar tampoco?

— Ca. Hago viajes sólo cuando me veo obligado a viajar. En julio, por ejemplo, tendré que ir a San Sebastián, como todos los veranos, pero francamente no tengo ganas de marcharme de Madrid.

— Pues entonces ¿por qué se marcha?

— Para decirle la verdad, no sé. Pero mi esposa insiste siempre en que vayamos todos los veranos a San Sebastián, y es mucho más fácil ceder a sus ruegos constantes que oponerme a ellos. Yo nunca deseo contrariar a nadie. Además, van a San Sebastián muchos amigos madrileños. Si no fuera por los amigos, yo no iría.

— Pero si a Vd. no le gusta la vida de San Sebastián ¿por qué no puede dejar la familia allí y luego volver solo a Madrid a pasar el mes de julio? ¿O no le gustaría eso a su esposa?

— No, al contrario, ella no se opondría, pero la perspectiva de vivir yo solo en Madrid en el verano no me interesa. Si uno permanece en la capital en el verano se destaca de los demás, y yo nunca quiero desentonar.

A medida que seguía esta conversación me iba sintiendo más y más fascinado por el carácter manso y vacilante de mi amigo. Llegaba a la conclusión dolorosa de que ese hombre era el juguete no sólo de su esposa sino también de la humanidad entera. Al fin, a eso de las siete y media salimos del café para volver a nuestros domicilios respectivos. Anochecía ya, y los faroles empezaban a verter su luz amarillenta sobre calles y aceras. Me dirigí al metro, creyendo que

Fuentes y Fajardo iba a acompañarme al centro, pero éste, en vez de bajar conmigo al andén, se detuvo a la entrada y me estrechó la mano amistosamente.

—Dispense, señor — me dijo — pero nunca tomo el metro después de una corrida. Siempre voy en el tranvía. No sé por qué, pero soy así. Yo no quisiera cambiar una costumbre que tengo desde hace veinte años.

Ejercicios

A. Cuestionario:

1. ¿A qué se expone el hombre individualista u original? 2. ¿Quiénes son los hombres "anónimos"? 3. ¿Quiénes son los hombres "selectos"? 4. ¿Quién es Mario Fuentes y Fajardo? 5. ¿Qué hizo en su juventud? 6. ¿Qué opinión tiene el señor Fuentes de su profesión? 7. ¿Cuándo le conoció el autor? 8. ¿Por qué usa gafas obscuras el señor Fuentes? 9. ¿Qué hicieron los dos señores después de asistir a la corrida de toros? 10. ¿Por qué no quiere ir a Sevilla el señor Fuentes? 11. ¿Por qué no quiere pasar el verano en Madrid? 12. ¿Qué opinión tiene el autor del señor Fuentes?

B. Adivínese el sentido de:

1. individualismo 2. originalidad 3. virtudes excelentes 4. individualista 5. frecuentemente 6. los ideales 7. la duda 8. mediocridad 9. anónimo 10. la masa 11. numeroso 12. tendencia 13. selecto 14. responsable 15. el líder 16. los excesos 17. la carrera 18. abundancia 19. magnífica 20. dócil 21. naturalmente 22. acompañar 23. fascinado

24. el carácter   25. humanidad   26. domicilio   27. el centro

C. Dense los sinónimos de:

1. las cualidades   2. con entusiasmo   3. el líder
4. residir   5. la fiesta brava   6. lujoso   7. la existencia
8. la carrera   9. estupendo   10. hacer viajes
11. manso   12. permanecer

D. Complétense las frases siguientes:

1. Sin estas cualidades la vida _____ nada.   2. Estos hombres anónimos están siempre _____ a seguir a los otros.   3. Siguen al líder _____ fuesen un rebaño de ovejas.   4. Los _____ conocen le encuentran sumamente simpático.   5. Siempre hace —— para complacer a sus amigos.   6. En su juventud _____ leyes en la universidad.   7. Si yo no _____ abogado, sería otra cosa.   8. Yo había llegado con tiempo _____ para poder sacar una buena entrada.   9. Tuvimos que _____ delante de la taquilla.   10. Como va todo el mundo uno _____ a ir también.   11. Salimos juntos y fuimos _____ un aperitivo a un café.   12. Yo nunca he asistido a la Feria de Sevilla _____ de viajar mucho por el sur.   13. No _____ ganas de marcharme de Madrid.   14. La _____ de quedar solo en Madrid en el verano no me _____.   15. Se detuvo a la entrada del _____ y me _____ la mano.

E. Usense en frases completas:

1. no vale nada   2. se contenta con   3. estar de moda
4. me acuerdo de   5. por fin   6. seguir charlando
7. se dice que   8. insiste en   9. al contrario   10. me dirigí a

CAPÍTULO
Once

El hombre-zorro

Bartolomé Galíndez, hombre ágil, pequeño y astuto, vive desde su más tierna infancia en Buenos Aires. Cuando tenía sólo tres meses de edad llegó a la capital argentina (acompañado de sus padres, por supuesto) en un vapor lleno de españoles, casi todos hijos de Galicia. 5

Ya a la edad de quince o dieciséis años, cuando la mayor parte de sus compañeros gallegos pensaban en hacerse conductores de tranvía, lecheros, o mozos de café, Bartolomé aspiraba a una vida más "distinguida," de más "tono." Quería (según decía todo el tiempo a sus amigos) "sacudirse 10 el polvo de Galicia," creyendo, por una razón inexplicable, que los gallegos eran "menos argentinos" que los italianos, alemanes, turcos, escoceses y polacos que constituyen la población de su patria adoptiva. Poco a poco se iba convenciendo de que la mejor manera de llegar a este plano de 15 "distinción" era por vía de los bienes raíces. — Meterse en los bienes raíces — se repetía el joven, poniendo los ojos en blanco.[1] — Así se enriquece uno en este país nuevo y dinámico.

Una vez tomada esta decisión importante, Bartolomé "en- 20

[1] poniendo los ojos en blanco *rolling his eyes*

49

tró" valientemente en los bienes raíces. Pero, desgraciadamente, su entrada no fué nada elegante. Como le faltaba experiencia fué obligado a empezar como sencillo portero, encargado de barrer las escaleras, lavar los suelos y tirar la
5 basura. Sin embargo, debido a su carácter listo y astuto, pasó, en pocos años, de la categoría de portero a la de administrador, encargado de cobrar el alquiler mensual de los inquilinos de varias casas. Por fin, gracias a sus ahorros personales y un capitalito prestado por la Sociedad Benéfica
10 Gallega (pues este hijo de Galicia aún no se había sacudido por completo el polvo de su tierra natal), logró comprar su propia casa de pisos. A los treinta años de edad, pues, Bartolomé Galíndez se daba cuenta de que estaba de veras lanzado en los bienes raíces.
15 Desde aquella época, Bartolomé ha venido[2] enriqueciéndose y elevándose en la sociedad porteña, gracias a su astucia innata y a su pasión por los bienes raíces. Hoy es dueño de seis casas de pisos: dos en Palermo, una en Belgrano (siendo ambos barrios residenciales bastante elegantes), y tres en la
20 Boca, barrio obrero por excelencia. Son precisamente estas tres casas de la Boca que dan más trabajo[3] al "Zorro" (pues así llaman al casero sus inquilinos revoltosos), y cada vez que se ve obligado a penetrar en ellas tiene la viva impresión de entrar en un infierno dantesco deliberadamente organi-
25 zado en contra suya.

— Oiga Vd., señor Galíndez. Hace tres días que no funcionan los grifos de mi cocina — anuncia en tono quejumbroso la viuda de Scalese, que ocupa el departamento treinta y dos, piso tercero. — Cuando los abro no salen más
30 que unas gotitas miserables. Tardo veinte minutos en llenar

---

[2] ha venido *has been*
[3] dan más trabajo *give the most trouble*

sólo la pava para el mate.[4] A este paso nunca logro preparar
las comidas para los chicos.

— Bueno, señora, no se preocupe Vd. Los hago componer mañana mismo[5] — contesta el casero en una voz con-
soladora, aunque pensando ya en otras cosas.   5

— Pero, señor Galíndez, mire Vd., yo sin agua no puedo
hacer nada.

— Pues, vaya Vd. a tomar agua al departamento de al
lado[6] — responde secamente el dueño, enojado. Y deja a la
viuda de Scalese plantada ahí en la puerta, pero no sin ad-   10
vertirle que ella anda atrasada de dos meses en su alquiler.

En el piso cuarto el inquilino Fortunato Arosemena,
chófer de taxi que trabaja de noche, recibe al casero con
cara furibunda. La electricidad, según dice, funciona de una
manera muy caprichosa. A veces hay corriente, y a veces   15
no. ¿Por qué, quiere saber, no toma el dueño las medidas
necesarias para repararla? — Yo, que pago puntualmente el
alquiler todos los meses, tengo mis derechos de inquilino. Y
Vd., señor Galíndez, tiene la obligación de hacer componer
lo descompuesto.   20

— Amigo Arosemena, tranquilícese, que no es para tanto
— asegura el "Zorro," con acento conciliador. — Yo no
sabía que la electricidad funcionaba mal en su departamento.
Si Vd. me lo hubiera dicho antes ... Subo ahora mismo al
departamento de Schmidt, que es un electricista estupendo. 25
En dos minutos Schmidt lo tendrá todo compuesto. — Y
Galíndez, que nunca paga a trabajadores de "fuera" cuando
puede utilizar gratis a los que tiene "en casa," sube corriendo
al piso quinto donde llama discretamente a la puerta del
vecino Schmidt.   30

[4] mate *a tea-like beverage made from the leaves of the Paraguayan
holly*
[5] mañana mismo *no later than tomorrow*   [6] de al lado *next door*

— Ya voy[7] — contesta una voz ligeramente teutónica, y poco después asoma la cabeza rubia y coloradote del electricista.

— Dispénseme, señor Schmidt, pero tengo un favor que 5 pedirle — dice en una voz muy dulce el gallego astuto. — Da la casualidad[8] que en el departamento de Arosemena la electricidad no funciona bien, y yo me pregunto si Vd., que tiene tanto talento para estas cosas, no podría . . .

— Alto ahí, señor Galíndez, y escúcheme Vd. a mí, pri-10mero. Hace más de una semana que tengo que subir y bajar la escalera porque ese maldito ascensor está descompuesto. Vd. no lo manda componer, según dicen, porque cree que nos hace bien a nosotros subir y bajar a pie. Pues, muy bien. Ya que Vd. no hace componer el ascensor yo no le hago 15ese favor que pide. — Y el señor Schmidt, sin más ni más, da con[9] la puerta en las narices del casero.

Pero no por eso[10] se da por vencido Bartolomé Galíndez. — Si Schmidt no quiere ayudarme, está bien. Yo mismo mandaré venir al electricista de fuera para que componga 20no sólo las luces de Arosemena sino también el dichoso ascensor. Pero al mismo tiempo voy a dar menos calefacción a ese alemán. — Y el casero baja la escalera pensando en cómo va a disminuirle la calefacción a Schmidt sin hacerlo a los demás inquilinos del quinto piso. El "Zorro" al bajar 25la escalera va dejando tras sí una estela de caras hostiles y amenazas veladas: — Ese ladrón . . . Hay que protestar . . . Si[11] no tiene vergüenza . . . Debemos organizarnos . . . No piensa más que en su dinero . . . Si no tiene corazón . . .

---

7 Ya voy *I'm coming*
8 Da la casualidad *it so happens*
9 da con la puerta *slams the door*
10 Pero no . . . Galíndez *But in spite of that Bartolomé Galíndez doesn't give up*
11 Si (omit in translating)

Hay que avisar a las autoridades . . . ¿Qué autoridades? . . .
etc., etc.

Pero el casero no hace ningún caso de estos insultos.
Sabe muy bien que sus inquilinos seguirán quejándose un
rato y que, al fin y al cabo, no harán nada. — ¿Qué pueden 5
hacer? ¿Adónde irían si se marchasen de aquí? En realidad
no hay problema, puesto que no se marchan nunca, a pesar
de sus amenazas y protestas. Ellos, por su parte, no tienen
que pagar mucho alquiler, y yo, por consiguiente, no estoy
obligado a gastar mucho dinero en reparaciones y mejoras. 10
No tengo nada que temer.

Terminado este soliloquio confortador, llega al zaguán,
nada limpio, mete la mano otra vez en el bolsillo de su
americana para averiguar si no se le han extraviado[12] los
billetes y cheques que acaba de "cosechar," y sale al aire 15
fresco y salado de la Boca. Allí, en la acera cerca de la
puerta de su casa, el portero está puliendo con esmero el
letrero de bronce que resume en pocas palabras el carácter
astuto de Galíndez el "Zorro"

CASA GALÍNDEZ

SE ALQUILAN PISOS DE LUJO

TODAS LAS COMODIDADES MODERNAS

AMBIENTE DISTINGUIDO   HAY ASCENSOR

---

[12] averiguar ... extraviado *to make sure that he hasn't lost*

Ejercicios

A. Cuestionario:

1. ¿Cuándo llegó Bartolomé Galíndez a Buenos Aires?
2. ¿Cómo quería distinguirse en su patria adoptiva?
3. ¿Por qué no fué nada elegante su entrada en los bienes raíces? 4. ¿De qué es dueño ahora Bartolomé Galíndez? 5. ¿Por qué no está contenta la viuda de Scalese? 6. ¿Qué hace el señor Galíndez para ayudar a la viuda? 7. ¿Por qué tiene la cara furibunda Fortunato Arosemena? 8. ¿Adónde va el casero para buscar un electricista? 9. ¿Por qué no quiere Schmidt hacerle al casero el favor que pide? 10. Al bajar la escalera ¿qué deja tras sí el señor Galíndez? 11. ¿Por qué no hace ningún caso de sus alquilinos? 12. ¿Qué está haciendo el portero cerca de la puerta?

B. Adivínese el sentido de:

1. ágil 2. astuto 3. infancia 4. aspirar 5. distinguida 6. turco 7. distinción 8. dinámico 9. carácter 10. categoría 11. innato 12. residencial 13. deliberadamente 14. tono 15. chófer 16. caprichosa 17. corriente 18. reparar 19. puntualmente 20. electricista 21. discretamente 22. teutónica 23. autoridad 24. soliloquio 25. aire fresco 26. bronce

C. Dense los contrarios de:

1. inexplicable 2. el inquilino 3. barrio obrero 4. entrar en 5. de día 6. descomponer 7. subir 8. marcharse de 9. tierra natal 10. preocuparse

D. ¿Son "ciertas" o "falsas" las frases siguientes?

1. Bartolomé Galíndez llegó a Buenos Aires a la edad de quince años. 2. Bartolomé hizo todo lo posible por no olvidar su origen gallego. 3. El joven Galíndez entró en los bienes raíces para enriquecerse. 4. Tuvo que empezar como portero porque no hablaba bien el español. 5. El señor Galíndez iba a la Sociedad Benéfica Gallega a cobrar el alquiler mensual. 6. A Bartolomé no le gusta entrar en las casas que tiene en la Boca. 7. La viuda de Scalese no logra preparar las comidas para su esposo y sus chicos. 8. La viuda de Scalese paga puntualmente su alquiler. 9. Fortunato Arosemena trata de componer el sistema eléctrico de su propio departamento. 10. El señor Schmidt recibe al casero de una manera hostil. 11. Los inquilinos se quejan del señor Galíndez pero él no hace ningún caso de ellos. 12. El casero teme que los inquilinos avisen a las autoridades. 13. El zaguán de una casa está en el quinto piso. 14. El letrero de bronce cerca de la puerta no está muy limpio. 15. No hay ascensor en la casa de donde sale el señor Galíndez.

E. Explíquense o defínanse en español:

1. un gallego   2. una casa de pisos   3. una viuda 4. un electricista   5. un casero   6. el alquiler   7. el portero   8. el inquilino

Doce

El hombre-cotorra

Ignacio Iribarri es uno de esos individuos locuaces que se ponen nerviosos, casi enfermos, si no pueden hablar. Para ellos, lo importante no es comunicar ideas ni cambiar impresiones sino sencillamente hablar por hablar. No pueden
5 soportar la inactividad de la lengua humana, y por eso hacen todo lo posible por llenar esos raros intervalos de grato silencio poniendo en movimiento los órganos vocales, aun cuando no tienen maldita la cosa[1] que decir.

El señor Iribarri está sufriendo en este momento porque
10 no hay nadie al alcance de su voz. Es decir, si quiere hablar tiene que dirigirse a las cuatro paredes. Es una tarde de domingo y la casa está durmiendo en un silencio sepulcral. Su mujer acaba de salir con las dos hijas, Dolores y Pilar, a hacer unas visitas en el barrio, y el hijo, Jaime, ha ido al
15 partido de fútbol con algunos amigos suyos. El pobre padre de familia, solo y triste, tiene la terrible sensación de quedar abandonado en una isla desierta, rotos todos los lazos con el mundo civilizado. De repente, en medio de su soledad, se le ocurre valerse del teléfono para llenar este silencio horri-
20 ble, y sin saber de fijo a quién ha de llamar, corre al aparato

---

[1] maldita la cosa   *a blessed thing, the slightest thing*

salvador lo mismo que un náufrago corre gozoso al bote
salvavidas que viene en su socorro.

Mientras marca el número de su amigo, Jorge Calderón
el boticario, Ignacio empieza a sonreír, satisfecho. Por fin
va a gozar del supremo deleite de la conversación. Pero el 5
aparato se pone a emitir un zumbido molesto, advirtiéndole
que el boticario no está[2] (o si está no acude a la llamada).
Sin embargo, el "náufrago" no se da por vencido, y llama en
seguida a otro amigo, Agustín Meléndez, secretario del
Ayuntamiento. Afortunadamente Meléndez está en casa, y 10
su voz, aunque algo soñolienta, le suena a Iribarri como una
música celestial.

— Hola, Agustín — exclama alegre Iribarri, al restablecer
contacto con el mundo de los vivos. — ¿Qué tal, hombre?
¿Qué hay de nuevo?   15

— Nada. Estaba echando una siesta — contesta la voz
un poco malhumorada del secretario. — ¿Por qué?

— Pues nada de particular. Sólo quería saber cómo es-
tabas. Me sentía aburrido por no tener con quien hablar.
¿Qué tal la esposa?   20

— Regular. El médico le ha recetado unas píldoras nuevas,
y parece que hay mejora, aunque la pobre sigue todavía
bastante floja. Pero dime, Ignacio; eso de estar aburrido no
lo comprendo. ¿No puedes leer? ¿No tienes radio?

— Claro que sí, pero, como tú sabes, a mí me gusta más 25
hablar que leer. Y luego, si tengo que leer, me interesan sólo
los libros que tienen mucha conversación y poca descrip-
ción. Por eso prefiero las novelas de Unamuno.[3] Pero uno
tiene que pensar demasiado al leerlas, y yo, cuando pienso
en algo, no puedo hablar. Así que . . .   30

---

[2] no está *is not at home, is not in*
[3] Miguel de Unamuno (1864–1936) *Spanish essayist, novelist, and poet.
Although his novels lack external setting and action, his characters "act"
through their constant conversation.*

— ¿Y la radio?

— Bueno, da la casualidad que esta tarde no emiten más que el partido de fútbol y algún programa religioso, y no me dejan hablar ni el uno ni el otro. Yo, francamente, prefiero las farsas y los dramas. En ellos uno tiene por lo menos la posibilidad de identificarse con uno de los actores y participar, aunque sea indirectamente, en el diálogo. Y, naturalmente . . .

— Hombre ¡qué cosas tienes!⁴ Pero no puedo hablar más ahora. Tengo que estar en casa del alcalde a las cinco y media y apenas tengo tiempo para vestirme. Hasta pronto ¿eh?

— Hasta muy pronto, Agustín. Que te vaya bien — y el pobre Ignacio cuelga desconsoladamente el receptor, sin-
tiéndose de nuevo abandonado en su isla desierta.

No sabiendo qué hacer, y todavía sediento de conversación, Iribarri empieza a hablar consigo mismo. Pero como no tiene nada nuevo que decirse, resuelve ir al café donde seguramente habrá algunos conocidos con quienes pasar el rato.

Veinte minutos después, el hombre-cotorra llega jadeante al Café del Asturiano, punto de reunión de los señores más "selectos" del pueblo. Ha venido tan de prisa que le falta aliento, y por un espacio de cinco minutos horribles se ve obligado a escuchar la conversación ajena, sin poder meter ni una sola palabra suya. Sin embargo, una vez pasado este breve martirio de mudez forzada, el recién llegado se lanza intrépido en medio de la discusión general.

— Repito, señores, que lo que pasó ayer fué una desgracia⁵ nacional — proclama con cierta teatralidad Rubén Guardia, el abogado.

---

⁴ ¡qué cosas tienes! *you and your strange ideas*
⁵ desgracia *misfortune*

— Yo estoy de acuerdo — asiente Ignacio, sin saber precisamente de qué se trata,[6] ni por qué el amigo Guardia se pone tan dramático.

— Indudablemente lo de ayer fué un golpe bastante duro para la nación entera, pero en otras ocasiones hemos pasado 5 por crisis más graves — observa el médico, Salvador Sánchez, tratando de tranquilizar un poquito al abogado furibundo.

— No, señor — repite el hombre de leyes. — Nunca se ha visto en España una cosa igual. Ayer a las seis cuando 10 escuchaba la radio no pude creer la noticia.

— Ni yo tampoco — dice Ignacio, todavía poco seguro de lo que se discute, pero deseoso de aprovechar esta magnífica ocasión de hacer uso de la palabra.

— Entonces, Iribarri, ¿tú también crees que nuestro 15 equipo olímpico jugó mal ayer? — pregunta el maestro de escuela, Oscar Nevares.

— Ay, perdonen Vds. Creí que estaban hablando de la huelga general de los camionistas — . Y el pobre Ignacio, ruborizándose, tiene que aguantar las carcajadas de los com- 20 pañeros, incluso las de Humberto, el mozo del café. Pero poco a poco las risas se van apaciguando, y el hombre-cotorra, aunque todavía se resiente de su papel de hazmerreír, está tan dispuesto como siempre a participar en la discusión general. Pero ésta, como ocurre a menudo en 25 ocasiones semejantes, se ha dividido ya en pequeños diálogos separados, y nuestro hombre locuaz se encuentra precisamente a caballo[7] entre una discusión sobre las mujeres, por un lado, y una conversación acerca de los toros, por otro. Ignacio, lejos de ser contrariado por su situación fronteriza 30 entre dos conversaciones tan diferentes, está en su gloria.

---

[6] de qué se trata *what it's all about*
[7] a caballo *on the fence, straddling*

Así, puede escuchar lo que van diciendo los amigos Sánchez
y Guardia a su derecha, y al mismo tiempo hacer comentarios sobre las opiniones que emiten Nevares y Silvestre
Gómez, el dentista, a su izquierda.

5 —Fué un animal estupendo—observa Guardia, aludiendo, claro está, al toro que ha visto recientemente en la
plaza.

—Sí, pero su madre es muy fea—comenta Nevares,
refiriéndose con igual convicción a una chica del barrio.

10 —¡Y qué ferocidad la de esa bestia al embestir!

—Pero viste de una manera atroz.

—Aun con seis banderillas clavadas seguía atacándole.

—Y su hermano que no hace más que escribir versos.

Ignacio, cogido entre estos pedazos de diálogo, da la im-
15 presión de andar difícilmente en una cuerda floja.[8] Pero
está en su elemento y pasa de un tema a otro sin equivocarse nunca (o casi nunca). Sólo una vez mete la pata.[9]
Cuando Nevares pregunta cuántos novios ha tenido cierta
señorita, Iribarri contesta—cuarenta y siete—porque está
20 hablando simultáneamente con Sánchez que quiere saber el
número de corridas en que ha participado cierto torero
célebre. Pero aparte de esto, da sus opiniones a un lado y
otro, sin decir tonterías.

Por fin, a eso de las ocho y media, los varios contertulios
25 se despiden unos de otros para regresar a sus casas respectivas. Es casi la hora de cenar. Ignacio Iribarri, a fin de
prolongar lo más posible los últimos deleites de la conversación, acompaña a Sánchez hasta el barrio remoto donde vive
éste, y luego, sin gran entusiasmo, toma el camino de su pro-
30 pia casa. —¡Ay de mí!—se dice, para no tener que caminar
en silencio—en casa no hay manera de hablar. Yo soy el

---

[8] cuerda floja *tight rope*
[9] mete la pata *puts his foot in it*

único que habla. Los chicos nunca dicen nada. Son como la madre, siempre callados. Y dicen que no les dejo hablar. ¡Tonterías! ¡Si[10] yo solamente hablo cuando tengo algo que decir!

Ejercicios

A. Cuestionario:

1. ¿Cuándo se ponen nerviosos los hombres locuaces? 2. ¿Qué hacen los locuaces para no tener que soportar el silencio? 3. ¿Por qué está triste el señor Iribarri esta tarde de domingo? 4. ¿Qué hace para llenar el silencio horrible de su casa? 5. ¿Por qué habla Agustín Meléndez con una voz soñolienta? 6. ¿Cómo está la esposa de Meléndez? 7. ¿Qué libros prefiere el señor Iribarri? 8. Cuando escucha la radio ¿por qué prefiere las farsas y los dramas? 9. ¿Qué sensación tiene al colgar el receptor después de su conversación con Meléndez? 10. ¿Por qué no puede hablar al llegar al café? 11. ¿Por qué se ruboriza el señor Iribarri cuando sabe que están hablando del equipo olímpico? 12. ¿Por qué está en su gloria cuando se encuentra a caballo entre dos discusiones completamente diferentes? 13. ¿Cuándo mete la pata el señor Iribarri? 14. ¿Le gusta volver a su casa? ¿Por qué?

B. Adivínese el sentido de:

1. locuaz 2. comunicar 3. inactividad 4. intervalo 5. un silencio horrible 6. los órganos vocales 7. fút-

---

[10] si (omit in translation)

bol 8. la terrible sensación 9. una isla desierta
10. el bote 11. civilizado 12. el deleite 13. aparato
14. una música celestial 15. contacto 16. siesta
17. el médico 18. interesar 19. novela 20. religioso
21. farsa 22. indirectamente 23. diálogo 24. intrépido 25. precisamente 26. olímpico 27. la
discusión general 28. gloria 29. comentario
30. convicción 31. ferocidad 32. atroz 33. versos
34. simultáneamente

C. Dense los contrarios de:

1. escuchar 2. la inactividad 3. satisfecho 4. indirectamente 5. ajeno 6. semejante 7. izquierda
8. nunca 9. difícilmente 10. preguntar

D. Complétense las frases siguientes:

1. Los locuaces hacen todo lo posible por —— el
silencio. 2. Usamos los órganos vocales para ——.
3. El pobre padre de familia cree estar abandonado
en ——. 4. Corre al —— lo mismo que un náufrago corre al —— salvavidas. 5. Cuando suena el
teléfono debemos acudir a la ——. 6. Me sentía
aburrido por no tener —— hablar. 7. Aunque el
médico le ha —— unas píldoras nuevas, la pobre
señora —— todavía bastante floja. 8. A mí me ——
más hablar que leer. 9. Como no tiene —— nuevo
que decirse, el señor Iribarri resuelve ir al café.
10. Ha venido tan —— que le falta aliento. 11. El
—— llegado se lanza intrépido en medio de la conversación. 12. Salvador Sánchez —— tranquilizar
un poquito al abogado furibundo. 13. El pobre
hombre-cotorra tiene que —— las carcajadas de sus

compañeros. 14. Da la impresión de _____ difícilmente en una cuerda floja. 15. Los varios contertulios se _____ unos de otros para regresar a sus casas
respectivas.

E. Usense en frases completas:

1. ponerse nervioso   2. de repente   3. saber de fijo
4. gozar de   5. echar una siesta   6. me gusta más
7. tener que   8. pasar el rato   9. le falta aliento
10. aprovechar   11. poco a poco   12. referirse a

Trece

El hombre-avestruz

Todos sabemos que el avestruz (esa ave africana que puede correr tan rápidamente y cuyas plumas son tan estimadas por las damas elegantes) es incapaz de volar. Por eso, cuando se cansa de correr, se protege de los enemigos por medio de
5 una estratagema bastante ingenua y nada práctica. Mete la cabeza en la arena (según la creencia popular), creyendo así que el peligro que le amenaza dejará de existir desde el momento en que no lo vea. No debe sorprendernos, pues, que los avestruces sean poco numerosos. Los que existen hoy
10 son evidentemente los que se han confiado más en la rapidez de las patas que en la ceguera voluntaria.

Hay seres humanos que tienen mucho en común con los avestruces, no porque estos individuos tengan necesariamente el cuello larguísimo y las patas como limpiapipas, sino
15 porque es tan notoria su actitud ingenua frente al peligro. Y no nos referimos aquí a la ingenuidad natural de los niños (cuya inocencia les expone frecuentemente a toda clase de accidentes mayores o menores) sino a la ingenuidad todavía más infantil de esas personas, llamadas adultas, que se niegan
20 sistemáticamente a reconocer el desastre inminente aun cuando lo vean.

En todo el territorio aragonés se cuenta a menudo la historia (y aseguran que es verdadera) de uno de estos hombres-avestruces, quien, hace ya muchos años, casi murió de su propia ingenuidad. Dice el cuento que Alcides Hurtado, panadero de oficio, vivía en un pueblo pequeño (que 5 llamaremos Rivadonga) situado a orillas del río Ebro. Como era el único panadero del pueblo, nuestro Alcides llevaba una vida relativamente próspera y despreocupada, ya que todo el pueblo comía pan (y mucho) y no existía ninguna panadería rival en toda la comarca. En efecto, durante casi 10 veinte años Alcides Hurtado lo veía todo de color de rosa.[1] Algunos incluso aseguraban que el panadero había acumulado unos ahorros considerables, pero de eso no sabemos nada. Lo que sí sabemos es que en el mes de abril de 1934 recibieron los honrados vecinos de Rivadonga una noticia 15 alarmante. Según los pocos datos concretos divulgados por el Ayuntamiento, el gobierno de Madrid había decidido hacer construir una presa enorme exactamente en el sitio donde se encontraba Rivadonga desde los tiempos más remotos. Nadie sabía de fijo por qué se quería hacer tal presa 20 precisamente allí, pero algunos de los ciudadanos más enterados hablaban ya de "fuerza hidroeléctrica," "generadores" y cosas por el estilo.

Tres o cuatro semanas después de la primera noticia desconcertante llegó una segunda, más grave todavía, y la 25 alarma inicial se convirtió en pánico general. Según las explicaciones poco consoladoras que hizo el cura después del sermón, el domingo de Pentecostés, sería necesario abandonar el pueblo entero, "puesto que las aguas iban a cubrir toda la tierra, lo mismo que en la época del Diluvio bíblico, 30 y cada jefe de familia debía considerarse como un nuevo

---

[1] lo veía todo de color de rosa   *saw everything through rose-colored glasses*

Noé, metiendo sus posesiones y su familia en un carro, ya que no[2] en un arca verdadera." Nadie podía creerlo. Era algo incomprensible para los buenos aldeanos de Rivadonga, la mayor parte de los cuales nunca habían salido de la
5 comarca. Al principio, en todas las discusiones acerca del asunto, predominaba la testarudez proverbial de los aragoneses.

— No, señor. Esto es el colmo. Nos quedamos aquí, venga lo que viniere[3] — proclamó, feroz, el herrero.

10   — Estoy de acuerdo. No nos movemos de nuestras casas. ¿No está aquí Rivadonga desde la época romana[4]? — preguntó, retóricamente, el maestro de escuela.

— Claro, y aun desde la época visigótica[5] — asintió el barbero, quien nunca andaba muy seguro de sí mismo en
15 cuestiones de historia nacional.

— Vamos, es otra tontería más de las que hace la gente de Madrid. Si no nos marchamos de aquí, no podrán construir esa presa maldita — declaró, en tono belicoso, el sacristán.

Pero a los pocos días de[6] haberse pronunciado estas con-
20 vicciones tan firmes, llegaron a Rivadonga muchos forasteros (incluso varios ingenieros ingleses) y no tardaron en iniciarse las excavaciones preliminares. Poco a poco la testarudez de los aldeanos iba cediendo a los hechos reales, y la fría razón iba dominando las pasiones más ardientes. Todos,
25 resignados, hacían los preparativos necesarios para dejar, una vez por todas, el pueblo ancestral, y cada cual[7] formulaba sus proyectos particulares para reanudar la vida en otro

---

[2] ya que no   *if not*
[3] venga lo que viniere   *come what may*
[4] época romana   *The Romans dominated the Iberian Peninsula from the second century* B.C. *until the invasion of the Visigoths in 409* A.D.
[5] época visigótica   *from 409 until the invasion of the Moors in 711*
[6] a los pocos días de   *a few days after*
[7] cada cual   *each one*

sitio. Sólo Alcides, el panadero, insistía en desoír la voz del destino. El seguía viviendo contento y tranquilo, como si nada ocurriera, e incluso se reía de la actividad frenética de sus vecinos que no hacían más que vaciar graneros, amontonar muebles, y cargar carros, deseosos de alcanzar la 5 tierra alta antes del "diluvio."

— ¿Por qué tanto ajetreo, amigos? — preguntaba a los que se preparaban para marcharse. — Eso de la presa es sólo una broma. No va a pasar nada.

— ¡Qué va!8 ¿No tienes ojos en la cabeza? ¿No ves esas 10 obras de construcción que se levantan ya en el río? — le respondían los demás, no sabiendo si tomarle en serio o no.

—Sí, pero todo eso no significa nada. Subirá un poco el río, no hay duda, pero eso no nos estorbará nada. — Y el panadero, risueño, volvía a su horno familiar, convencido de 15 que todo eso no era más que una ilusión, y que valía más no pensar en cosas tan fantásticas como la desaparición de un pueblo entero. ¿No era más fácil seguir la rutina normal, cociendo el pan para todos, que preocuparse con unos problemas imaginarios que nunca iban a plantearse? Claro que sí. 20 ¿Cómo iba a desaparecer en un par de horas un pueblo tan antiguo como Rivadonga? ¿Cómo iban a faltar jamás parroquianos para comprar su pan? ¿No habían comprado siempre el pan en la panadería de Hurtado? Claro que sí. Lo de la presa era pura farsa.   25

A medida que se acercaba el día fatal en que se había de inaugurar la presa los vecinos iban saliendo de Rivadonga, algunos a pie, otros a caballo, éstos en carruajes, y aquéllos (los más ricos) en automóviles. Pero no había ninguno que no tuviera el corazón lleno de dolor al mirar por última vez 30 la aldea querida. Los que no iban a vivir con parientes a los pueblos vecinos iban a la capital de la provincia a empezar

---

8 ¡Qué va! *You're crazy, don't be silly!*

de nuevo, pero todos se marchaban tristes y confusos. Unicamente Alcides Hurtado se negaba a aceptar la realidad. Sentado como de costumbre en la puerta de su panadería, miraba desfilar a los demás, sin explicarse el éxodo general.
5 Incluso se marchaba su propia esposa, después de haber procurado[9] en vano convencer al panadero de lo inevitable del desastre. Pero él seguía tan candoroso como siempre.

— Tú, Alcides, eres un pobre inocente — declaraba la mujer, fuera de sí. — Sabes muy bien que va a inundarse el 10 pueblo entero, pero no quieres verlo. Pues, yo me marcho. Tú puedes quedarte si quieres. Allá tú.[10] — Y la panadera se metió en la procesión de los desterrados, dejando a su marido solo y tranquilo, respirando el grato olor de pan nuevo que salía, como todos los días, de su horno.

15 Dice el cuento, finalmente, que una vez evacuados todos los habitantes (menos Alcides, naturalmente) se inauguró oficialmente la presa, con música militar, discursos políticos, y toda la pompa que requieren tales acontecimientos. Luego se cerraron automáticamente las compuertas enormes, y em- 20 pezó a subir el nivel del río. Entretanto, seis guardias civiles, mandados por un teniente, se dirigieron a la panadería a sacar al dueño antes de que el río se lo llevara en sus ondas. Llegados a la tienda de Alcides ¡cuál no fué la sorpresa de los guardias al ver al panadero ocupado en sacar de su esta- 25 blecimiento varias cestas llenas de pan nuevo que iba colocando en un bote de remos!

— Señor Hurtado, venga con nosotros ahora mismo — mandó el teniente. — Está subiendo ya el río, y dentro de poco lo va a inundar todo.

30 — Ya lo sé, amigos — contestó Alcides, sonriendo. — Por eso he mandado construir este bote. Me voy a meter en él,

---

[9] procurado   *tried, attempted*
[10] Allá tú   *that's your affair, that's up to you*

con este pan, y luego cuando bajen las aguas volveré a mi panadería. Porque esto no va a durar, amigos. Esto no va a durar.

— Vamos, nada de disparates[11] — contestó el teniente, empezando ya a perder la paciencia. — Si Vd. no viene 5 tranquilamente le llevamos a la fuerza.

Y Alcides, con su cabeza de avestruz todavía metida en la arena de sus ilusiones, acompañó a los guardias, diciéndose entre dientes que eso no podía ser. Las aguas tenían fatalmente que retroceder, "como en la Biblia." 10

Ejercicios

A. Cuestionario:

1. Según la creencia popular ¿cómo se protegen los avestruces? 2. ¿Por qué son como los avestruces algunos seres humanos? 3. ¿Quién era Alcides Hurtado? 4. ¿Por qué llevaba una vida relativamente próspera y despreocupada? 5. ¿Qué noticia alarmante recibieron los vecinos de Rivadonga en el mes de abril de 1934? 6. Según el cura ¿qué sería necesario hacer? 7. ¿Por qué no podían creer esta noticia? 8. ¿Qué hicieron los aldeanos cuando se iniciaron las excavaciones preliminares? 9. ¿Por qué seguía viviendo Alcides tan contento y tranquilo como siempre? 10. ¿Cómo salían de Rivadonga los vecinos? 11. ¿Adónde iban? 12. ¿Qué opinión tenía la panadera de su marido? 13. ¿Cómo se inauguró la presa? 14. ¿Por qué fueron los guardias civiles a la panadería de Hurtado?

---

[11] nada de disparates *no nonsense*

B. Adivínese el sentido de:

1. africana 2. rápidamente 3. estratagema 4. ingenua 5. práctico 6. evidentemente 7. en común 8. voluntaria 9. sistemáticamente 10. desastre 11. territorio 12. próspero 13. abril 14. alarmante 15. divulgado 16. hidroeléctrica 17. generador 18. alarma 19. bíblico 20. romana 21. historia 22. belicoso 23. convicciones firmes 24. excavaciones 25. pasiones ardientes 26. resignados 27. destino 28. fantástica 29. inaugurar 30. confuso 31. éxodo general 32. inundar 33. procesión 34. evacuado 35. música militar 36. pompa 37. bote

C. Dense los contrarios de:

1. menor 2. personas adultas 3. próspero 4. una noticia alarmante 5. enorme 6. después de 5. subir 6. incomprensible 7. forastero 8. desoír 9. sacar 10. marcharse 11. a la fuerza

D. ¿Son "ciertas" o "falsas" las frases siguientes?

1. Los avestruces son incapaces de correr rápidamente. 2. Los niños son generalmente más ingenuos que las personas adultas. 3. Alcides Hurtado vivía en un pueblo muy grande cerca del mar. 4. Los que no tienen rivales llevan una vida relativamente despreocupada. 5. El gobierno de Madrid había decidido hacer construir una panadería enorme en el pueblo de Rivadonga. 6. La fuerza hidroeléctrica era una cosa muy importante en la época bíblica. 7. Los aragoneses son conocidos por su testarudez. 8. El barbero creía que la época visigótica era anterior a la romana. 9. Alcides Hurtado era el único que no

hacía los preparativos necesarios para dejar el pueblo ancestral.   10. Las presas se construyen sin excavaciones preliminares.   11. Alcides creía que su horno no era más que una broma.   12. Los que tienen el corazón lleno de dolor están casi siempre tristes. 13. La esposa de Alcides no era una mujer muy práctica.   14. Cuando se cerraron las compuertas enormes empezó a subir el nivel del río.   15. Alcides estaba convencido de que las aguas tenían fatalmente que bajar.

E. Defínanse o explíquense en español:

1. un avestruz   2. un hombre ingenuo   3. un panadero   4. un parroquiano   5. un forastero   6. desoír 7. un hombre rico

Catorce

El hombre-tortuga

A las nueve y media de la mañana (una de esas mañanas
calurosas y húmedas como sólo las hay en Panamá) suena
la voz metálica de un despertador. Celestino Rodríguez,
bañado en sudor, abre un ojo, mira malhumorado el aparato
5 molesto, extiende lentamente un brazo para pararlo y luego
vuelve a dormirse.[1]

A Celestino Rodríguez, viajante de comercio, nunca le ha
gustado levantarse temprano, a pesar de que las primeras
horas de la mañana son las más llevaderas para el trabajo en
10 el trópico. Siempre quiere dormir "una hora más," aunque
sabe muy bien que, llegado el mediodía, se cierran todos los
negocios hasta las tres o cuatro de la tarde por lo de la
"siesta nacional." El esfuerzo de levantarse, lavarse y vestirse
es, para Celestino, una tarea hercúlea que vale más aplazar
15 hasta el último momento posible. ¡Es tan grato el dormir
y tan desagradable el ponerse de pie! Además, siempre hay
la posibilidad (muy remota, hay que reconocerlo) de que
mañana haga un tiempo menos bochornoso que le permita
levantarse más temprano.

20 Cosa muy irónica, Celestino es agente de una casa norteamericana de relojes despertadores. Pero el artículo que

---

[1] **vuelve a dormirse** *falls asleep again*

72

vende no tiene ningún encanto personal para Celestino. Sólo es una manera de ganarse la vida. En efecto, el viajante tiene que hacer esfuerzos heroicos para dominar el odio que le tiene al artículo cada vez que entra en una tienda para convencer al tendero de las cualidades maravillosas del 5 aparato. Le gustaría más vender camas o hamacas, pero esas ramas ya están muy concurridas, y hay que ser muy listo para salir adelante en ellas. No. No hay duda que lo más fácil es vender despertadores, por muy desagradable que sea.[2]

Por fin, a las diez y media el señor Rodríguez toma una 10 decisión suprema. Se levanta de la cama, quejándose de lo dura que es la vida, y se dirige a paso lento y pesado al cuarto de baño donde se mira, sin entusiasmo, en el espejo. Venciendo la tentación de volver a acostarse, termina la tarea sobrehumana de afeitarse, y, una vez vestido, desciende a la 15 planta baja del hotel.

Siempre que viene de negocios a David,[3] Celestino Rodríguez prefiere hospedarse en este mismo hotel, El Chiriquí, donde está seguro de encontrar a otros viajantes. Le gusta hablar con ellos, no sólo para enterarse de la marcha de los 20 negocios en la provincia, sino también para distraerse un poco y aplazar el terrible momento de salir a la calle calurosa para vender sus despertadores. Celestino, aunque es de la capital, prefiere el "interior" donde la vida es más lenta. En las apacibles poblaciones diseminadas por las provincias 25 soñolientas de Coclé, Veraguas, Los Santos y Chiriquí, se siente más tranquilo y seguro que en medio de la confusión y ajetreo de Panamá o Colón.[4] Por eso cuando hace un viaje

[2] por muy desagradable que sea *however unpleasant it may be*
[3] David *third city (16,000 inhabitants) of Panama, in the western province of Chiriquí*
[4] Panamá o Colón *Panama City, on the Pacific side of the isthmus, and Colón, on the Atlantic side, are the largest cities in the Republic of Panama*

de negocios por el interior, como ahora, goza lo más posible de estos pueblos viejos, como David, donde nadie parece tener prisa.

Al entrar en el comedor desierto a pedir el desayuno
5 Celestino no sabe si despertar al camarero que duerme en un rincón o ir al café de la esquina para no molestarle. Decide dejar tranquilo al mozo, a quien le envidia la posibilidad de dormir así, tan públicamente, y sale con cierta tristeza a la calle. Momentos después está sentado a una mesa del café
10 Las Palmas donde pide un buen sancocho (a pesar de ser sólo las once de la mañana) para no tener que almorzar más tarde. Pero el efecto del plato suculento y abundante es tal que el viajante tiene súbitas ganas de dormir otra vez. Por eso, decide aplazar sus visitas comerciales hasta después de
15 la siesta. Vuelve cansadamente al hotel, sube a su cuarto, y se echa de nuevo sobre la cama, donde no tarda dos minutos en dormirse.

A las dos y media de la tarde le despiertan brutalmente unos golpes secos contra su puerta. Celestino, medio dor-
20 mido, se levanta y va a abrir. Es el mozo que viene a decirle que está esperando abajo un tal míster Robinson.

— Por Dios, no me diga — exclama Celestino, todo confuso. — Ese es el agente general de mi compañía, el encargado de toda la América Central. Estará⁵ haciendo uno
25 de sus viajes anuales de inspección. ¡Caramba! ¿Qué le voy a decir? Hace más de quince días que no vendo maldita la cosa.

Pero no hay más remedio.⁶ Hay que bajar a verle, y a los pocos minutos Celestino y míster Robinson están discu-
30 tiendo animadamente la venta de los despertadores como si no hubiera en el mundo otra cosa de importancia.

---

⁵ Estará   *he is probably*
⁶ no hay más remedio   *it can't be helped, there's no way out*

— Entonces, según Vd., señor Rodríguez, no se venden
tantos como el año pasado. ¿Y por qué? — pregunta el yanqui, de mal humor después de su viaje en avión desde San
José.[7]

— Pues, no es muy difícil explicarlo, señor Robinson — 5
contesta Celestino, defendiéndose lo mejor que puede. —
En otros años hemos vendido tantos que casi todo el mundo
ya tiene despertador. ¿Para qué quieren comprar ahora uno
nuevo?

— Sí, sí. Ya lo sé. Es la historia de siempre, Rodríguez. 10
Pero no la creo. Lo que tenemos que hacer nosotros es crear
mercados nuevos, introducir modelos más de lujo para que
nadie esté contento con el viejo — explica el agente general,
recobrando su energía y eficiencia ascostumbradas. — En la
oficina de Nueva York estamos convencidos de que los com- 15
pradores de nuestro artículo deben acostumbrarse a cambiar
de modelo cada año (o cada dos años a lo menos) como los
compradores de automóvil. Al que no tenga despertador
nuevo le mirarán con cierto desprecio, y . . .

— Perdone Vd., míster Robinson. Es posible que dé 20
buenos resultados en los Estados Unidos esa costumbre de
comprar coche nuevo cada dos años, pero aquí en Panamá
nadie se va a acostumbrar a cambiar de despertador tan a
menudo. Los panameños somos así. Si da buen resultado una
cosa ¿para qué desear otra distinta?   25

— Es que Vd. todavía no ve la cosa en su aspecto global,
sociológico, amigo Rodríguez — explica el norteamericano. — Es cuestión de estimular la industria, hacer circular
más dinero, fomentar el intercambio comercial . . . Ah, a
· propósito, me han dicho que en Santiago[8] de Veraguas se 30

[7] San José *capital of Costa Rica, Panama's western neighbor*
[8] Santiago *chief town (population 6,000) of Veraguas province*

va a abrir pasado mañana una ferretería nueva. ¿Por qué no vamos allá en seguida con un lote de despertadores?

— ¿Ahora mismo, señor Robinson? — pregunta Celestino, incrédulo.

5   — Pues ¿por qué no? En los negocios hay que aprovechar cada ocasión.

— Pero está muy lejos Santiago, señor Robinson. Además, yo pensaba ir a Santiago el mes que viene. Todavía no he tenido tiempo para acabar aquí en David.

10   — Nada,[9] Rodríguez. Salimos hoy mismo para Santiago. No hay tiempo que perder.

— Pero los caminos están muy malos, con las lluvias, y ahora quedan muy pocas horas de luz. Además, no llegaríamos hasta mañana, muy tarde.

15   — Eso no importa. Hay que llegar cuanto antes. ¡Vamos!

De modo que a las cinco y media de la tarde Rodríguez y el yanqui salen precipitadamente de David, pasajeros en una de esas "chivas" pequeñas y chillonas que circulan infatigables por todos los caminos panameños. El vehículo,
20 atestado de hombres, mujeres, chicos y gallinas, corre con una velocidad vertiginosa. Celestino, mareado tanto por lo inesperado del viaje como por el movimiento loco de la "chiva," no sabe si sacar la cabeza por la ventanilla o pedir al conductor que le deje bajar. Entretanto míster Robinson,
25 absorto en el laberinto de sus negocios, parece estar muy lejos de la confusión que reina en torno suyo. Sólo de vez en cuando[10] echa una mirada hacia el techo del vehículo, pensando sin duda en las dos cajas de despertadores que van precariamente atadas afuera, entre maletas, cestas y sacos de
30 legumbres.

A medida que se cierra la noche Celestino cae poco a poco

---

[9] Nada   *it's all settled, we won't discuss it further*
[10] de vez en cuando   *from time to time*

en un letargo semiconsciente. Al fin empieza a dormir, a pesar de su postura incómoda y el movimiento agitado de la "chiva." Pero míster Robinson sigue tan despierto como siempre, pensando en las ventas que han de realizar cuando lleguen a Santiago.   5

A eso de las cuatro de la madrugada el diminuto autobús se detiene por quince minutos en Las Palmas. Todos bajan para cambiar de postura. El norteamericano, que se queja de un dolor agudísimo en el costado izquierdo, dice que no va bien, y pide que le lleven a un médico. A las cinco está 10 metido en una cama, en casa del doctor Ibáñez, el único médico del pueblo.

— Ha sufrido un ligero ataque de corazón — explica el médico. — Estos casos de hipertensión son muy frecuentes entre los yanquis. Dentro de dos o tres días estará de pie, 15 pero necesitará mucho reposo. Nada de estas correrías nocturnas para vender despertadores.

Y Celestino, triste y aliviado a la vez,[11] decide quedarse allí, al lado de su jefe, antes de seguir su viaje a Santiago. — Al fin y al cabo — se dice — estos despertadores los puedo 20 vender cualquier día. Bien dice el refrán nuestro: "No por mucho madrugar amanece más temprano."[12]

Ejercicios

A. Cuestionario:

1. ¿Qué hace Celestino después de parar el despertador? 2. ¿Cuáles son las horas más llevaderas para el trabajo en el trópico? 3. ¿Cuál es la ocupación de

---

[11] a la vez   *at the same time*
[12] No por mucho ... más temprano (*literally, Not by getting up before dawn do we make the sun rise any earlier.*)

Celestino Rodríguez? 4. ¿Qué tentación tiene que
vencer al levantarse? 5. ¿Por qué le gusta parar
siempre en El Chiriquí? 6. ¿Por qué prefiere la vida
del "interior" a la de las grandes ciudades? 7. ¿Quién
está en el comedor cuando entra Celestino? 8. ¿Qué
hace el viajante de comercio después de comer en el
café? 9. ¿Qué le despierta a las dos y media de la
tarde? 10. Según Celestino ¿por qué no ha vendido
muchos despertadores este año? 11. Según míster
Robinson ¿a qué deben acostumbrarse los compradores de su artículo? 12. ¿Por qué quiere míster
Robinson ir en seguida a Santiago de Veraguas?
13. ¿Por qué se opone Celestino a este plan?
14. ¿Qué ocurre cuando llegan a Las Palmas?
15. ¿Tiene prisa Celestino para llegar a Santiago?
¿Por qué?

B. Adivínese el sentido de:

1. húmeda 2. comercio 3. el trópico 4. una posibilidad remota 5. irónico 6. agente 7. artículo
8. hamaca 9. tentación 10. descender 11. públicamente 12. suculento 13. abundante 14. brutalmente 15. importancia 16. defender 17. introducir 18. modelo 19. eficiencia 20. aspecto
21. sociológico 22. industria 23. incrédulo 24. infatigable 25. laberinto 26. vehículo 27. el saco
28. ataque 29. frecuente 30. reposo

C. Dense los sinónimos de:

1. ponerse de pie 2. descender 3. apacible
4. echarse sobre la cama 5. de mal humor 6. fomentar 7. acabar 8. precipitadamente 9. diminuto

D. Complétense las frases siguientes:

1. Después de parar el despertador Celestino _____ a dormirse. 2. A Celestino nunca le ha _____ levantarse temprano. 3. Llegado el _____, se cierran todos los negocios. 4. Es tan grato el dormir y tan _____ el ponerse de pie. 5. El artículo que vende _____ ningún encanto personal para Celestino. 6. Se _____ de la cama y _____ dirige al cuarto de baño. 7. Una vez vestido, _____ a la planta baja. 8. Quiere aplazar el terrible momento de _____ a la calle calurosa. 9. Le gusta David porque _____ parece tener prisa allí. 10. A las dos y media le ——— brutalmente unos golpes secos contra su puerta. 11. El agente general estará _____ uno de sus viajes anuales. 12. _____ nosotros tenemos que hacer es crear mercados nuevos. 13. Si da buen _____ una cosa ¿para qué desear otra distinta? 14. Además, yo pensaba ir a Santiago el mes que _____. 15. Las "chivas" circulan infatigables por todos los _____ panameños. 16. Sólo de vez en _____ echa una mirada hacia el techo del vehículo. 17. Al fin empieza a dormir, a _____ su postura incómoda. 18. El norteamericano se _____ de un dolor agudísimo en el costado izquierdo. 19. Dentro de dos o tres días _____ de pie. 20. Decide quedarse allí, al lado de su jefe, antes de _____ su viaje a Santiago.

E. Usense en frases completas:

1. volver a (+ infinitive) 2. quejarse de 3. no sólo ... sino 4. en medio de 5. de mal humor 6. acostumbrarse a 7. en seguida 8. pensar (+ infinitive) 9. atestado de 10. de vez en cuando 11. a la vez 12. cualquier día

CAPÍTULO

Quince

El hombre-mariposa

Un amigo mío que estudia con pasión la zoología me aseguró el otro día que la mariposa, tan celebrada por los
poetas, no es más que "un insecto lepidóptero que proviene
de la metamorfosis de una oruga." Dicho esto, mi amigo
5 creía haberlo dicho todo. Pero no; hay algo más que decir
sobre las mariposas. Mi amigo del laboratorio debía haber
añadido que la mariposa tiene la costumbre de volar constantemente de flor en flor, chupando aquí y sorbiendo
allí, deteniéndose en cada corola sólo lo bastante para ex
10 traer de ella la esencia de su perfume. Lo curioso es que las
abejas, también, hacen exactamente lo mismo. Pero mientras
éstas tienen fama de diligentes y graves, las mariposas son
miradas siempre como sencillas "diletantes," como si su
movimiento incesante no tuviera ninguna justificación
15 práctica. Sea lo que sea,[1] las pobres mariposas parecen condenadas, entre los insectos, al papel de "figura decorativa"
cuya función se reduce a una actividad caprichosa e indecisa.
　Entre los seres humanos hay, también, hombres que vuelan
sin cesar de una "flor" a otra, cambiando constantemente de
20 ocupaciones, de intereses y de gustos. Estos hombres-mari

---

[1] **Sea lo que sea**　*be that as it may*

posas son aparentemente incapaces de concentrarse por
mucho tiempo en una sola cosa, y prefieren saltar de novedad
en novedad, sin hacer más que saborear de paso las fragancias
de sus innumerables actividades.

Jacinto Arias, natural de Badajoz,[2] era precisamente uno 5
de estos hombres caprichosos de los que estamos hablando
aquí. Hacía años que se ganaba la vida trabajando de tenedor
de libros en una casa comercial de aquella ciudad extremeña.[3]
Visto por fuera, Jacinto Arias se parecía exactamente a
cualquier otro miembro de la clase media badajocense. Era 10
de estatura mediana; gastaba bigote; vestía decentemente,
aunque sin elegancia; y no contrariaba a nadie. Pero debajo
de este exterior inocente el señor Arias era muy otro.[4] Su
calma externa ocultaba una mar tormentosa de deseos nunca
satisfechos y de ambiciones jamás realizadas. Había mo- 15
mentos en que apenas le conocían su esposa y su jefe de
oficina; momentos inesperados en que, sin explicación
alguna, el pobre cambiaba completamente de personalidad
y de orientación. En esos momentos críticos era como una
veleta que gira fácilmente del este al oeste aunque la brisa 20
que la mueve sea imperceptible. En fin, don Jacinto era
víctima de sus propias manías, o de sus "hobbies" como él
decía después de haber encontrado esta palabra encantadora
en una revista inglesa que miró una vez en la biblioteca
municipal. La pasión con que Jacinto Arias se entregaba a 25
sus varias manías era devoradora . . . mientras duraba. Pero
sus entusiasmos eran siempre de corta duración. Tenía el
hombre intervalos de calma relativa en que no le seducía
ningún capricho raro. Luego se sentía de repente atraído

---

[2] natural de Badajoz   *native of Badajoz (a city in southwestern Spain)*
[3] extremeña   *of Extremadura, a region in southwestern Spain comprising the provinces of Badajoz and Cáceres*
[4] muy otro   *a completely different person*

hacia otro tema interesantísimo, y se dedicaba a este nuevo con el mismo afán que había revelado para los anteriores.

Era natural que el señor Arias se iniciase en el mundo de los "hobbies" por vía de la arqueología. Desde niño sabía 5 que su pueblo natal (Badajoz es la Pax Augusta[5] de los romanos) estaba situado sobre unas ruinas antiguas, pero este dato[6] histórico no le parecía nada excepcional. Sin embargo, mientras cavaba una mañana en la huerta detrás de su casa había dado con[7] un objeto curioso que resultó ser 10 una medalla romana del siglo primero de la era cristiana (según decía el señor Robledo, director del Museo Histórico Provincial). A partir de aquel día Jacinto sólo pensaba en ser arqueólogo. Iba los domingos a escarbar el cauce seco del río Guadiana, esperando encontrar, enterrado allí en el suelo 15 milenario, algún objeto de gran valor histórico. Generalmente volvía a casa sin haber desenterrado más que una llanta vieja o una lata medio oxidada. Pero no por eso se descorazonaba el aficionado. Al contrario, se daba cuenta de que le hacía falta[8] más preparación técnica, y en seguida se 20 puso a devorar todos los libros que había en la biblioteca municipal acerca de su nueva pasión. Hurtaba horas al sueño leyendo cuanto podía sobre "excavaciones," "métodos de reconstrucción hipotética," "reliquias fosilizadas," "estratificación del suelo," etc., etc. Finalmente, después de 25 haberse dedicado por un mes entero a estos estudios preliminares, anunció a su esposa que estaba ahora preparado para salir en busca de "algo gordo."[9] Al día siguiente de esta declaración se levantó muy temprano y pasó todo el día

---

[5] Pax Augusta *the Roman place name from which the present Spanish Badajoz is derived*
[6] dato *fact, piece of data*
[7] dado con *hit upon, struck*
[8] le hacía falta *he needed*
[9] algo gordo *something big, important*

cavando al pie de una colina llamada Castro Viejo donde, según la historia local, había existido en el primer siglo antes de Cristo un campamento romano. Poco antes del anochecer su pala dió en algo duro. El arqueólogo creyó al principio que no era más que una piedra, pero, hecho un examen más detenido, vió que era un hueso. — Por fin — se dijo Jacinto con alegría — ¡he descubierto un vestigio humano¡ Será[10] la tibia de algún soldado romano. A lo mejor[11] todo el esqueleto estará por aquí. Si lo encuentro ¡qué contribución voy a hacer al conocimiento de la anatomía hispano-romana!

Pero esa misma noche, al mostrar su hallazgo al señor Robledo, supo Jacinto que la tibia "de soldado romano" no era más que la fíbula de una vaca. Al día siguiente, cuando su jefe le preguntó qué tal seguían sus trabajos arqueológicos, Jacinto confesó que había perdido todo interés en aquella ciencia. — Bien mirado,[12] eso de cavar todo el día buscando algo que a lo mejor no existe es una tontería. He decidido no ser arqueólogo.

Este anuncio, hecho así, sin rodeos,[13] no podía menos de agradar al jefe, y sobre todo a la esposa. Por fin Jacinto iba a "normalizarse," poniendo fin a sus andanzas fantásticas para dedicarse con seriedad a su trabajo en la oficina y a sus obligaciones domésticas.

Pero las cosas no ocurrieron así. Cinco días después de haber renunciado a la arqueología, el hombre-mariposa ya partía con otro rumbo, el de las estrellas. Sí, Jacinto iba a ser astrónomo. — ¿Y por qué no? — preguntaba a sus compañeros de café. — De tanto mirar al suelo, buscando reliquias romanas, casi he perdido la costumbre de mirar

10 Será *it must be, it probably is*
11 A lo mejor *most likely*
12 Bien mirado *when you come right down to it*
13 sin rodeos *without beating around the bush*

arriba. Lo que necesito hacer es tender la vista por la inmensidad de los cielos, y no pasearme con la nariz pegada a las cosas de este bajo mundo. — Y fortificado por esta defensa lírica de la astronomía, se puso a estudiar los cuerpos
5 celestiales.

En las noches nubladas, cuando no podía observar las constelaciones o la luna, se contentaba con sus libros enormes cuyas tablas complicadísimas explicaban los eclipses, las mareas, la gravitación, el "aspecto de Venus,"
10 etc., etc. ¡Ay! Había tanto que aprender para ser un astrónomo decente. Para no perder tiempo, Jacinto traía sus libros a la oficina, y durante los intervalos en que estaba ausente el jefe, echaba miradas furtivas a la vía láctea o a los satélites de Saturno. Incluso empezaba a emplear los
15 nombres de las constelaciones en su conversación normal, llamando al jefe El Unicornio (en su ausencia, claro está), y denominando a la secretaria de éste la Osa Menor.[14] En sus discusiones de café sostenía con firmeza que había hombres en Marte, por mucho que sus compañeros dijesen
20 que no, y siempre que era cuestión de determinar la distancia que había entre Madrid y Nueva York, o entre Londres y Hong Kong, Jacinto echaba la cuenta en términos de la distancia que había entre la tierra y la luna. Y una noche, al acostarse, le anunció con cierto orgullo a su esposa que,
25 desde que se habían casado, un rayo de luz podía haber viajado ciento veinte y seis trillones de millas.

— Escúchame, Jacinto. Esas bromas tuyas no me hacen ninguna gracia[15] — dijo la pobre mujer, desesperada. — Si tú eres tan amigo de las cifras astronómicas, echa solamente
30 una mirada a ese montón de cuentas ahí en la mesa. En vez de pensar siempre en los planetas debieras pensar un poco en

---

[14] la Osa Menor   *the Little Bear (Ursa minor)*
[15] no me hacen ninguna gracia   *don't amuse me in the least*

el panadero, el lechero y el carbonero. ¿Cuándo vas a dejar esas fantasías tuyas?

— En efecto, tienes razón, mujer — contestó Jacinto. — Esto de estudiar los cielos exige mucho trabajo, y apenas me deja tiempo para dormir. Además, no tengo bastante 5 dinero para comprar un telescopio bueno. Mejor abandonar por completo la astronomía que estudiarla a medias.

Y al día siguiente, el ex-astrónomo se levantó tan fresco,[16] sin hacer la menor alusión al eclipse solar que anunciaban los periódicos. Sí, efectivamente, Jacinto había dejado de ser 10 astrónomo. Pasaron varios días sin que el tenedor de libros diera ningún indicio de locura. Parecía completamente curado. Pero una noche, a la hora de la cena, volvió a casa con los brazos cargados de libros enormes, señal clarísima de que ya estaba lanzado en otro "hobby." 15

— ¡Ay, no me digas! — gritó la buena mujer. —¿ Y qué vas a ser ahora?

— Pues, precisamente pensaba ponerme a estudiar la mitología clásica. Mis investigaciones astronómicas, aunque nada fructuosas, me han convencido de la importancia que tienen 20 las leyendas antiguas en la ciencia moderna. Además, para ser una autoridad de mitología, no es necesario salir de casa. Uno puede permanecer sentado junto a la chimenea y aprenderlo todo sin mover un dedo. Creo que por fin he encontrado el "hobby" que me conviene más. De modo 25 que tú, Juno[17] mía, puedes servirme ahora mismo la cena. Tu Júpiter tiene un hambre tremenda.

— Déjate de tonterías, hombre. Yo no me llamo Juno, ni Minerva, ni Venus, sino Pepita López de Arias. Y tú, gran tunante, no eres ni Júpiter, ni Marte, ni Mercurio, sino un 30 pobre idiota que no sabe lo que hace. Y ahora ponte a la mesa y cállate.

[16] tan fresco *unconcerned, as though nothing had happened*
[17] Juno *in Roman mythology, the consort of Jupiter; the guardian of the female sex.*

Y, sin más ni más, la esposa cogió los libros de mitología
que acababa de comprar Jacinto, y los arrojó todos al fuego
que ardía en la chimenea. No sabía la pobre que en aquel
mismo momento el marido, espectador del auto da fe[18] de
5 sus libros queridos, pensaba ya dedicarse al estudio de la
historia de la Inquisición.[19]

Ejercicios

A. Cuestionario:

1. ¿Qué estudia el amigo del autor?   2. ¿Qué diferencia hay entre las abejas y las mariposas?   3. ¿Por
qué son como las mariposas algunos seres humanos?
4. ¿Dónde vivía Jacinto Arias?   5. ¿Qué ocultaba
la calma externa de Jacinto?   6. ¿Por qué decidió un
día hacerse arqueólogo?   7. ¿Qué hacía Jacinto para
prepararse en esta ciencia?   8. ¿Por qué renunció a
esta ciencia?   9. ¿Por qué se puso a estudiar el cielo?
10. ¿Por qué hizo protestas su esposa?   11. ¿A qué
nueva ciencia se dedicó Jacinto después de renunciar
a la astronomía?   12. ¿Qué hizo la esposa con los
libros que acababa de comprar Jacinto?

B. Adivínese el sentido de:

1. celebrada   2. metamorfosis   3. esencia   4. fragancia   5. justificado   6. figura   7. ocupación

---

[18] auto da fe   *a public ceremony in which heretics were punished by
the Inquisition (see note following)*
[19] la Inquisición   *a special ecclesiastical tribunal created for the discovery, examination, and punishment of heretics. In Spain the Inquisition
was placed under state control in 1480. It was abolished in that country
in 1834. Punishment (usually burning at the stake) was actually carried
out by the secular authorities.*

8. concentrar 9. caprichoso 10. brisa 11. calma externa 12. manía 13. arqueología 14. enterrado 15. objeto curioso 16. medalla romana 17. preparación técnica 18. métodos de reconstrucción 19. ciencia 20. astrónomo 21. astronomía 22. inmensidad 23. constelación 24. gravitación 25. furtivas 26. satélite 27. espectador 28. rayo 29. planeta 30. telescopio 31. alusión 32. mitología clásica 33. idiota

C. Dense los sinónimos de:

1. constantemente 2. la fragancia 3. descubrir 4. entregarse a 5. con afán 6. ponerse a (+ infinitive) 7. me hace falta 8. declarar 9. por completo 10. innumerables

D. ¿Son "ciertas" o "falsas" las frases siguientes?

1. Los poetas provienen de la metamorfosis de una oruga. 2. Las mariposas son más decorativas que las abejas. 3. Los hombres-mariposas cambian constantemente de intereses y de gustos. 4. Todos los extremeños son tenedores de libros. 5. En Norteamérica no hay veletas. 6. Los entusiasmos de Jacinto Arias eran de corta duración. 7. En Badajoz hay ruinas romanas. 8. Guadiana fué una ciudad romana muy famosa. 9. Jacinto Arias dedicaba sus domingos a buscar objetos de valor histórico en el cauce del río. 10. Jacinto esperaba encontrar el esqueleto de algún soldado romano. 11. La esposa se puso triste al saber que Jacinto iba a renunciar a la arqueología. 12. Los astrónomos se dedican al estudio del cielo. 13. Según Arias hay hombres en

Marte. 14. Jacinto compró un telescopio nuevo con sus ahorros. 15. Cuando hay un eclipse solar todo se hace obscuro. 16. Para ser una autoridad de mitología hay que estudiar en un laboratorio. 17. A Pepita López de Arias le gusta el nombre de Juno. 18. La esposa arrojó al fuego los libros que acababa de comprar Jacinto.

E. Defínanse o explíquense en español:

1. un arqueólogo   2. una biblioteca   3. un astrónomo
4. el anochecer   5. una mariposa   6. un hallazgo

Diez y Seis

El hombre-pavo-real

¿Quién no habrá[1] visto alguna vez en el jardín zoológico esas aves elegantes y vanidosas que se llaman pavos reales? Son los aristócratas de la pajarera, y cuando abren la cola enorme (que se parece al abanico de alguna princesa) dan la impresión de desdeñar no sólo a los otros pájaros sino 5 también a los propios seres humanos que los contemplan. Su aspecto majestuoso nos llena de admiración, pero no de amistad. Hay algo en el pavo real que nos parece falso, pretencioso. Y es que, en realidad, el pavo real (como su nombre indica) no es más que un pavo, un pavo disfrazado 10 de gran señor. Es decir, debajo del plumaje hermoso vive un miembro de la clase media, y no olvidemos que en el español popular "pavo" quiere decir "insípido" y "pesado." La belleza, cuando es natural, nos atrae; pero cuando es artificial nos repugna.   15

Eduardo Gorostiza, mejicano de treinta y ocho años de edad, es un pavo real humano. Sumamente rico (pues ha heredado una fortuna considerable), tiene una casa elegante en el Paseo de la Reforma[2] y otra (más chica pero no menos

---

[1] habrá *(future of probability or conjecture)*
[2] Paseo de la Reforma *Mexico City's most fashionable boulevard*

lujosa) en Acapulco.[3] El señor Gorostiza es hermoso, lo cual, con su riqueza, le presta cierto atractivo que no pueden resistir las señoritas casaderas de la clase alta mejicana. Pero el señor Gorostiza nunca se ha casado, ni tampoco piensa 5 hacerlo jamás. En efecto, el casamiento, para él, es algo inconcebible. Un hombre casado debe mimar a su esposa; debe admirarla y agasajarla todo el tiempo. Y eso, para Eduardo, sería imposible. Prefiere admirarse a sí mismo, o tal vez ser admirado de muchas mujeres a la vez. Pero 10 ¿dedicarse exclusivamente a una sola mujer? Eso, nunca. Mejor vivir solo que verse obligado a sacrificar en aras del matrimonio la existencia egoísta e independiente a que está tan acostumbrado.

Por eso nuestro Gorostiza, a falta[4] de esposa e hijos a 15 quienes dedicarse, se dedica a admirar sus posesiones. Admira los veintitrés trajes, hechos a la medida,[5] que tiene colgados en su armario; admira las pinturas impresionistas, compradas hace cinco años en París, que tiene colgadas en las paredes del salón; y admira las viejas armas de fuego 20 (pistoletes y escopetas de la época colonial) que tiene colgadas en las paredes del gabinete. Y cuando Eduardo se cansa de contemplar todos estos objetos preciosos, suele bajar al garaje donde admira su hermoso Cadillac (con aire acondicionado) y su Hispano-Suiza (modelo deportivo) 25 que, si no tiene aire acondicionado, puede andar a ciento ochenta kilómetros por hora.

Y, por supuesto, tiene sus amigos. No muchos, claro está, pues los amigos hay que escogerlos con mucho cuidado. Pero Gorostiza tiene algunos, muy selectos, con quienes 30 puede contar siempre para sus diversiones sociales. Cuando

---

[3] Acapulco   *wellknown seashore resort on the Pacific coast of Mexico*
[4] a falta de   *for want of*
[5] hechos a la medida   *tailor-made*

era más joven (hay que confesarlo) tenía muchos más amigos de los que tiene ahora. Pero poco a poco los ha venido abandonando porque la mayor parte de ellos no encajaban en el plan de vida[6] que él se ha trazado. Algunos eran demasiado plebeyos en su manera de hablar; otros no [5] vestían con suficiente tono; y aun había dos o tres que ni siquiera[7] sabían discutir con inteligencia la literatura francesa contemporánea. Pero, así y todo,[8] Gorostiza tiene todavía cuatro o cinco amigos fieles a quienes considera dignos de su trato íntimo. [10]

Hay, por ejemplo, Eugenio Prat, tenista excelente, capaz de hablar por horas enteras sobre la música moderna. Claro, a veces confunde las composiciones de Bartók[9] con las de Milhaud,[10] pero eso no importa. Su manera de hablar es muy culta y cosmopolita. Luego hay Julio Berenguer, juga- [15] dor de polo muy conocido. Julio tiene en su casa una colección de "primitivos" italianos (hablamos de cuadros, naturalmente) que valen una fortuna. Y finalmente hay que mencionar a Rubén Ulibarri, un joven que no hace absolutamente nada, pero quien, por haber leído a fondo todas [20] las obras de Freud,[11] goza del favor de muchas chicas de familia distinguida que tienen "problemas" psicológicos.

Así, rodeado de sus cosas hermosas y de sus amigos selectos, Eduardo Gorostiza no puede quejarse de la vida. Hay momentos, por supuesto, en que se siente un poquito abu- [25] rrido, pero el aburrimiento ¿quién no lo aguanta cuando dura poco?

Esta mañana, por ejemplo, Eduardo se siente muy abu-

---

[6] plan de vida *way of life*   [7] ni siquiera *not even*
[8] así y todo *even so, still and all*
[9] Béla Bartók (1881–1945) *Hungarian composer*
[10] Darius Milhaud (1892–   ) *French composer*
[11] Sigmund Freud (1856–1939) *Austrian neurologist and founder of modern theory of psychoanalysis*

rrido. Son las once y acaba de levantarse. Ha dormido bien,
y ahora está tomando un buen desayuno, pero, sin embargo,
está aburrido. ¿Por qué? Sencillamente porque no sabe qué
hacer. Su amigo Eugenio se ha marchado a Vera Cruz por
5 un par de días; Julio tiene que guardar cama a consecuencia
de un accidente sufrido en un partido de polo; y Rubén ha
sido invitado a tomar el té en casa de una señorita muy rica
que está loca por las obras de Freud. No cabe duda que el
día promete ser poco divertido para el hombre-pavo-real.
10 De repente suena el teléfono. Gonzalo, el criado, acude
al aparato, y poco después anuncia ceremoniosamente que
el señor Valdés quisiera hablar con el señor Gorostiza.

— ¡Qué suerte! — se dice Eduardo dirigiéndose a una
mesilla "renacimiento" donde reposa el teléfono de marfil.
15 — Se me había olvidado por completo que Paco había de[12]
volver de Londres esta semana misma. — Y Eduardo, al
coger el receptor, se mira en un espejo que hay encima de
la mesilla para ver si está bastante bien peinado para hablar
con una persona tan distinguida como Paco Valdés.

20 — Hola, Paco, ¿qué tal? Me alegro de oír tu voz después
de tantos meses de ausencia. (Una pausa mientras habla
Paco . . .) ¿Cómo? ¿Qué dices? (Otra pausa . . .) ¡Hombre,
no me digas! (Otra pausa, muy larga . . .) ¿Y aseguras que
ella no está menos hermosa hoy que en sus películas? (Pausa
25 larguísima . . .) Hombre, ya lo creo. ¿Esta tarde a las seis?
¡Cómo no! [13] Iré con mucho gusto. Gracias. Hasta luego.
— Y Eduardo cuelga el receptor, sonriendo con cierto
placer, al darse cuenta de que este día, que hace poco
prometía ser tan aburrido, acaba de convertirse en una fecha
30 memorable.

— Caramba, Gonzalo, no tenemos tiempo que perder.

---

[12] había de *was to*
[13] ¡Cómo no! *of course*

Sácame en seguida el traje gris oscuro, de entretiempo, que compré el año pasado en Nueva York. Y llama ahora mismo al peluquero para que la manicura me haga las uñas a las cuatro y media. Y luego ... ay, Gonzalo, estoy tan emocionado que no sé dónde tengo la cabeza. ¿Sabes lo que acaba de decirme don Paco?

— No, señor, pero habrá[14] sido algo importante, porque Vd. parece muy nervioso.

— Y con razón, Gonzalo, con razón. Don Paco acaba de invitarme a una recepción en su casa para festejar a la famosa estrella norteamericana, Ann Meredith, que acaba de llegar de Hollywood. ¡Qué suerte, Gonzalo! Para mí y para ella, también, ¿verdad?

— Ya lo creo, señor. En seguida llamo al peluquero.

Y mientras el criado se ocupa de arreglar la ropa del señor-pavo-real, éste se quita la bata de seda y se mete en la ducha. — Sí, señor, esta noche voy a hacer una conquista — se dice, lleno de confianza, en medio de un chorro de agua caliente. — Esa norteamericana, tan acostumbrada a la vida elegante, llevará la gran sorpresa cuando vea que nosotros los mejicanos no somos tan patanes como se cree en los Estados Unidos. No, señor, aquí también hay personas distinguidas y cosmopolitas. No cabe duda que ella quedará sorprendida cuando me oiga hablar de los dramas de Anouilh[15] y de la poesía de Rilke.[16] Pero, para que sepa esa joven que no soy uno de esos intelectuales afeminados, voy a buscar ocasión de mostrarle mi Hispano-Suiza y decirle, de paso, que tengo en Acapulco mi piscina particular. — Y al salir de la ducha Gorostiza se contempla en el gran espejo "imperio" de su dormitorio, satisfecho de su esbeltez de

---

[14] habrá *(see note 1)*
[15] Jean Anouilh (1910–   ) *French dramatist*
[16] Rainer Maria Rilke (1875-1926) *German lyric poet*

atleta, y prometiéndose un triunfo completo en la recepción
de Valdés.

    Son casi las siete menos cuarto (porque el llegar a las
funciones sociales a la hora citada es una señal de educa-
5 ción[17] burguesa) cuando entra Eduardo en el lujoso portal
de mármol de la casa Valdés. Mientras espera a que el criado
le abra la puerta se contempla por última vez en un espejo
para comprobar el efecto total de su apariencia. Sí, su ropa
elegante y su porte general son intachables. ¡Qué impresión
10 va a producir!

    — Muy buenas noches, señor Gorostiza. Pase Vd., por
favor — dice el criado, revelando en su tono de voz una
admiración secreta que no puede menos de agradar al ilustre
convidado.

15   Eduardo penetra ahora en un salón espacioso lleno de
voces alegres, risas femeninas y mucho humo. Allá en un
rincón se destaca la cara risueña del anfitrión, rodeado de
media docena de individuos en varias actitudes de adoración.
A medida que Eduardo se acerca a este grupo se da cuenta
20 de que el objeto de tanta adoración no es Paco Valdés sino
una de las mujeres más hermosas que ha visto jamás.

    — Esta será la Meredith sin duda alguna — se dice
Eduardo al incorporarse al corro selecto. Y mientras Paco
hace las presentaciones Eduardo devora con sus ojos los
25 profundamente expresivos que tiene la actriz norteamericana.

    — Tanto gusto en conocerle — dice ésta, consciente de
la mirada devoradora que Eduardo le dirige. — Estábamos
hablando de pájaros. ¿A Vd. le interesan los pájaros, señor
30 Gorostiza? A mí me encantan. Este señor, Rafael Molinos,
es un verdadero aficionado — y la rubia hermosa señala a

---

[17] educación *upbringing, training*

un hombrecito, bastante feo y no muy bien vestido, que está a su lado.

—Francamente, no sé mucho de pájaros, Miss Meredith — contesta Gorostiza, mirando con desprecio al tipo insignificante que se ha ganado la simpatía de la estrella — pero 5 si le gustan a Vd. los impresionistas franceses la invito a venir a examinar unos cuadros preciosos que tengo en casa. Tal vez mañana ...

—Vd. es muy amable, señor Gorostiza, pero no puedo. Mañana voy a pasar el día entero en compañía del señor 10 Molinos. Ha prometido llevarme al Parque de Chapultepec donde, según dice, hay unos pájaros que nunca he visto. Y claro, es una ocasión que no quisiera perder.

—Sí, naturalmente — asiente Eduardo, no sabiendo qué decir frente a una negativa tan inesperada. Y mientras la 15 mujer espléndida y el hombrecito feo reanudan su discusión acerca de los pájaros, el hombre-pavo-real emprende la retirada, consolándose un poquito al recordar que abajo, junto a la acera, le espera su Hispano-Suiza.

Ejercicios

A. Cuestionario:

1.¿Cómo son los pavos reales?   2. ¿Qué atractivos tiene Eduardo Gorostiza?   3. ¿Por qué no se ha casado nunca el señor Gorostiza?   4. ¿Qué hace el señor Gorostiza para no aburrirse?   5. ¿Tiene muchos amigos, o pocos? ¿Por qué?   6. ¿Quién es Gonzalo? 7. ¿Por qué se mira Eduardo en un espejo mientras habla por teléfono con Paco Valdés?   8. ¿Por qué ha telefoneado Valdés?   9. ¿Por qué se dice Eduardo que la estrella norteamericana va a llevarse la gran

sorpresa? 10. ¿Por qué no llega Eduardo a casa de
Paco a la hora citada? 11. ¿Cómo le recibe el criado
de Valdés? 12. ¿Qué encuentra Eduardo en el salón
espacioso? 13. ¿Cómo mira Eduardo a la actriz
norteamericana? 14. ¿Qué le pregunta a Eduardo la
joven norteamericana? 15. ¿Qué ocasión no quiere
perder la señorita Meredith?

B. Adivínese el sentido de:

1. jardín zoológico 2. plumaje 3. clase media
4. inconcebible 5. desdeñar 6. amistad 7. pistolete
8. precioso 9. acostumbrado 10. literatura francesa
contemporánea 11. cosmopolita 12. familia distinguida 13. problemas psicológicos 14. sorpresa
15. consecuencia 16. ceremoniosamente 17. espacioso 18. conquista 19. espléndida 20. triunfo
21. efecto 22. apariencia 23. devorar 24. expresivo

C. Dense los contrarios de:

1. alguna vez 2. desdeñar 3. artificial 4. comprar
5. viejo 6. plebeyo 7. volver 8. feo 9. insignificante 10. el convidado 11. mal vestido 12. admirar

D. Complétense las frases siguientes:

1. La _____ de los pavos reales se parece a un abanico.
2. El pavo real no es más que un pavo disfrazado de
_____. 3. La casa que tiene Eduardo en Acapulco es
_____ pero no menos lujosa que la del Paseo de la
Reforma. 4. Eduardo prefiere _____ a sí mismo, o tal
vez ser _____ de muchas mujeres a la vez. 5. Gorostiza, a _____ de esposa e hijos a quienes dedicarse, se
dedica a _____ sus posesiones. 6. Tiene varias pin-

turas impresionistas ＿＿＿ hace cinco años en Francia.
7. Los amigos hay que escogerlos con ＿＿＿. 8. Ni
＿＿＿ sabían discutir con inteligencia la ＿＿＿ francesa.
9. Su colección de cuadros ＿＿＿ una fortuna. 10. El
aburrimiento ¿quién no lo aguanta cuando ＿＿＿ poco?
11. Julio tiene que ＿＿＿ cama a consecuencia de un
＿＿＿ sufrido en un partido de polo. 12. Me ＿＿＿
de oír tu voz después de tantos meses de ausencia.
13. Llama ahora mismo al peluquero para que la ＿＿＿
me haga las uñas a las cuatro y media. 14. Nosotros
los ＿＿＿ no somos tan patanes ＿＿＿ se cree. 15. Al
salir de la ducha Gorostiza ＿＿＿ en el gran espejo.
16. Gorostiza nunca llega a las ＿＿＿ sociales a la hora
＿＿＿. 17. La admiración del criado no ＿＿＿ menos
de agradar al ilustre convidado. 18. El anfitrión está
＿＿＿ de media docena de individuos en varias actitudes de adoración. 19. Mira con desprecio al tipo
que se ＿＿＿ la simpatía de la estrella. 20. Eduardo
no sabe qué decir ＿＿＿ a una negativa tan inesperada.

E. Defínanse o explíquense en español:

1. la pajarera   2. un hombre casado   3. plan de vida
4. el teléfono   5. la manicura   6. una recepción
7. el anfitrión   8. el garaje

Diez y Siete

El hombre-camaleón

Se dice que allá por[1] el año de 1870 hubo en España cierto
político ambicioso (cuyo nombre no citaremos aquí para no
ofender a sus descendientes) cuyo único deseo era hacerse
jefe del gobierno nacional. Era líder de uno de los muchos
5 partidos "liberales" que aparecieron en 1868, año memorable
en que la Gloriosa[2] puso fin al reinado de Isabel II, obligán-
dola a sacrificar, si no la cabeza, por lo menos el trono.
Nuestro político, aprovechando la confusión que reinaba
entonces en los círculos oficiales, hacía todo lo posible para
10 lograr la presidencia de la República, la cual (según los
oradores más elocuentes de aquellos tiempos) "ya se divi-
saba en el horizonte hispánico." El futuro presidente, aunque
era natural de Valencia,[3] prefería vivir en Madrid, no sólo
para estar más al corriente de lo que pasaba en el mundo
15 político, sino también para que el electorado le identificara
menos fácilmente con una región determinada.

Astuto y oportunista, Leopoldo Ruiz (pues así le llama-

---

[1] allá por   *around, back in*
[2] la Gloriosa   *The revolution of 1868 which brought to an end the un-
stable and corrupt government of Isabel II was hailed by Spanish liberals
as the dawn of a new democratic era.*
[3] Valencia   *seaport and provincial capital in eastern Spain*

remos a falta de otro nombre) sabía muy bien que en un
país democrático un candidato necesita votos, y muchos
votos, para ser elegido. Y los votos (se repetía constantemente don Leopoldo) hay que obtenerlos a cualquier precio.
Lo esencial es ganar votos por todas partes,[4] tantísimos 5
votos que no le quede ninguno a la oposición. Por eso,
antes de dar los primeros pasos en su campaña electoral,
don Leopoldo (que no era nada tonto) leyó muchos libros
ingleses, franceses y aun norteamericanos para enterarse de
cómo se hacían las elecciones en esos países progresistas. 10
Hurtaba horas al sueño estudiando el complicado sistema
de senados y cámaras de diputados, de colegios electorales
y muñidores de barrio, de favores políticos y promesas de
campaña. Terminados estos estudios preliminares, quedó
más convencido que nunca de que para ganar las elecciones 15
sólo importaba una cosa: los votos. Por consiguiente, se
dedicó en seguida a obtenerlos.

Hay que declarar, entre paréntesis, que Leopoldo Ruiz
se prestaba admirablemente a la vida política. Dotado de
un gran espíritu de transacción,[5] se adaptaba fácilmente a 20
cualquier situación nueva, cambiando de opiniones y de
ideas (según sus propios intereses) lo mismo que un
camaleón cambia de color bajo la influencia del ambiente
natural en que se encuentra. Como lo importante era ganar
votos, don Leopoldo se acomodaba sin dificultad a las 25
exigencias del momento y del lugar, diciendo a éstos que
"sí, pero ...," y a aquéllos que "no, pero ...," y nunca
comprometiéndose a nada. En fin, esta capacidad de evitar
los extremos, de mantener siempre un equilibrio delicado
entre una negativa rotunda y una afirmativa categórica, 30
la tenía don Leopoldo en la sangre. El oportunismo en él

---

[4] por todas partes *everywhere*
[5] transacción *compromise*

era tan natural como, en otras personas, la capacidad musical o la sensibilidad literaria.

Ya en 1858, después de terminar sus estudios en la Universidad de Valencia, el joven Ruiz había visitado varios
5 países europeos, acompañando a su padre, un importante exportador de arroz, en un viaje de negocios. Aun en esa ocasión sus raros talentos de hombre-camaleón se revelaron de un modo asombroso. En Alemania, para ganarse la amistad de los berlineses, hablaba mal de los franceses, y bebía
10 mucha cerveza. En Inglaterra, a fin de hacerse simpático a los londinenses, no hacía más que tomar el té e insultar a los irlandeses. Y en Francia, con el objeto de impresionar a los parisienses, decía cada media hora que no se fiaba de los alemanes, y pasaba horas en el Louvre, alabando los
15 cuadros de Poussin[6] y de Watteau[7] (los cuales no le importaban nada). En fin, el viaje de negocios dió un gran impulso a las actividades comerciales del padre, y el hijo llegó inevitablemente a la conclusión de que los halagos, por muy hipócritas que sean, constituyen la verdadera base de las
20 relaciones humanas. ¡Y no se vaya a creer[8] que el futuro hombre de estado fuera mentiroso! Eso sí que no. Es que tenía sencillamente el don de apreciar la gran eficacia de la "adaptabilidad."

En 1870, pues, Leopoldo Ruiz entró de lleno en la batalla
25 política española, dirigiendo un grupo curioso compuesto de terratenientes "progresistas," de profesores "conservadores" y de industriales ricos. Esta coalición interesante se denominaba La Junta de Partidos Culturales e Industriales para la Reivindicación de la Tierra Española, y bajo este
30 título pintoresco los miembros iban predicando sus doctrinas

---

[6] Nicolas Poussin (1594–1665)   *French painter*
[7] Antoine de Watteau (1684–1721)   *French painter*
[8] ¡Y no se vaya a creer!   *Don't think for a minute*

(bastante confusas, hay que confesarlo) por todo el territorio nacional.

El líder tenía establecido su cuartel general en Madrid,
Calle de la Torrija, a pocos pasos de la Plaza de los Minis-
terios. Allí, rodeado de secretarios, mensajeros, consejeros 5
y muñidores de toda clase, don Leopoldo dirigía con gran
maestría los destinos gloriosos de la J. P. C. I. R. T. E. (¡qué
lástima que no fuera pronunciable!) Aunque nadie sabía de
fijo para cuándo se iban a declarar las elecciones, el jefe
intrépido tomaba todas las medidas necesarias para asegu- 10
rarse un triunfo decisivo. Gracias al dinero de su padre y de
los ricos industriales, el campeón de la causa dedicaba sus
días, y aun sus noches, a organizar mítines, asambleas, bailes,
desfiles, fiestas y aun concursos literarios, todos ellos destinados a despertar en el electorado madrileño una pasión 15
loca por la superioridad innegable del partido. Y no paraba
allí la actividad electoral del político ambicioso. Dándose
cuenta de que era indispensable ganar los votos en las
provincias, el licenciado Ruiz viajaba infatigable[9] por toda
España fomentando el entusiasmo. Aquí pronunciaba dis- 20
cursos, allí hacía la corte a los caciques locales, y nunca
dejaba de dar apretones de mano a los campesinos dudosos
ni de sonreír a las aldeanas guapas.

— Mañana me marcho para Galicia[10] — le dijo una noche
a su teniente más leal, Ernesto Villar, redactor de una im- 25
portante revista para damas. — ¿Qué puedo decir a los gallegos parar ganar sus votos? Apenas conozco esa región y no
tengo la menor idea de lo que piensan allá, si es que piensan.

---

[9] infatigable *tirelessly* (*adjectives are frequently used as adverbs in Spanish*)

[10] Galicia *The northwest corner of Spain, comprising the present provinces of La Coruña, Pontevedra, Orense, and Lugo. Galicia was at one time an independent kingdom, and its language (more similar to Portuguese than to Castilian) is still spoken there today.*

— Pues, ¿por qué no alabar un poco las bellezas naturales de su provincia, aludiendo de paso a las hermosas tradiciones locales y mencionando de vez en cuando la riqueza del idioma gallego?[11] Luego podrías hablar del ferrocarril nuevo 5 que se proyecta entre La Coruña[12] y Santiago de Compostela.[13] Francamente, es ridículo no haberse construído todavía un ramal entre esas dos ciudades.

— Bueno, ya sé lo que he de decir, y gracias. Entre nosotros, me trae sin cuidado[14] lo que piensan los gallegos. Lo 10 importante es ganarles la confianza, y con ella los votos. Adiós.

Dos días después el eminente candidato para la presidencia de la nación pronunció un discurso lleno de emoción en la Plaza de las Platerías de la histórica ciudad composte- 15 lana. A pesar de que una lluvia intensa hizo casi inaudible la parte principal del discurso, el reducido público pudo oír sin dificultad las frases finales, pues hacia las cinco y media dejó de llover:

— Por eso os saludo, valientes hijos de Galicia. Ninguno 20 como vosotros para el trabajo duro y la paciencia sufridora. Ninguno como vosotros para el alma lírica y las canciones saudosas.[15] (Aquí se paró dos segundos el orador para ver el efecto que producía este vocablo tan regional. No produjo ninguno.) Y ninguno como vosotros para apreciar la 25 elevada misión de la Junta de Partidos Culturales e Industriales para la Reivindicación de la Tierra Española. No olvidéis jamás, amigos míos, que tengo en el corazón un rincón predilecto para este sagrado suelo gallego donde

[11] idioma gallego   (see note 10)
[12] La Coruña   seaport and provincial capital in Galicia
[13] Santiago de Compostela   famous cathedral town in Galicia, where the remains of St. James, Spain's patron saint, are said to be enshrined.
[14] me trae sin cuidado   doesn't make the slightest difference to me
[15] saudosa   a Galician-Portuguese word meaning "sad," "nostalgic," "yearning for someone who is absent"

reposan los restos gloriosos del santo patrono[16] de nuestra patria. Para mí, la verdadera cuna de la nacionalidad española es Santiago de Compostela, y no Covadonga,[17] digan lo que quieran los asturianos. Por eso os prometo que cuando salgan victoriosos los leales combatientes de nuestra Junta (aquí el orador, visiblemente cansado, no trató de dar el título completo de su partido querido) los primeros puestos del nuevo gobierno serán destinados a los gallegos. ¡Viva Galicia!

Se oyeron unos aplausos débiles, y luego los pocos asistentes se fueron, regresando a sus casas, más deseosos de quitarse la ropa mojada que de meditar en su música saudosa y su alma lírica.

Para que el lector comprenda las maravillosas facultades de adaptabilidad que poseía nuestro hombre, basta que sepa que cuatro días después de visitar la capital de Galicia, Leopoldo Ruiz fué a la vecina provincia de Asturias. En Oviedo[18] pronunció otro discurso, casi igual al primero, aunque ligeramente modificado en ciertas partes por razones puramente diplomáticas. Los que no se habían marchado a los cinco minutos de oírle tuvieron el raro privilegio de escuchar estas elocuentes frases finales:

— Por eso os saludo, valientes hijos de estas Asturias queridas. Ninguno como vosotros para el alma alegre y las buenas fabadas[19] suculentas. Y ninguno como vosotros, amados descendientes de Pelayo,[20] para apreciar la elevada misión de nuestro partido (aquí el orador, cansadísimo de tanto viajar y hablar, ni siquiera trató de pronunciar el

[16] santo patrono   *(see note 13)*
[17] Covadonga   *a town in Asturias, famous as the site where the Spanish Christians won their first victory over the Moors in the year 718*
[18] Oviedo   *chief city of Asturias, and capital of the former kingdom*
[19] fabada   *a bean stew for which the Asturians are famous*
[20] Pelayo   *king of Asturias at the time of the battle of Covadonga (see note 17)*

nombre de su partido). No olvidéis jamás, amigos míos, que tengo en mi corazón un rincón predilecto para este sagrado suelo asturiano, cuna de la nacionalidad española. Para mí, el verdadero santuario nacional ha sido y será siempre Cova-
5 donga, digan lo que quieran los gallegos. Por eso os prometo que cuando salgan victoriosos los leales combatientes de nuestra Junta, los primeros puestos del nuevo gobierno serán destinados a los asturianos. ¡Arriba Asturias!

Satisfecho de haber hecho todo lo posible para ganar la
10 confianza (y los votos) de gallegos y asturianos, el candidato volvió a Madrid, pasando por León, Palencia, Valladolid y Segovia,[21] y sembrando por el camino sonrisas, apretones de manos y palabras bonitas. Al día siguiente de su regreso a la Corte[22] ¡qué sorpresa la suya al ver sobre la mesa de su
15 despacho un montón de cartas, casi todas ellas provenientes de Galicia y Asturias!

— ¡Caramba! Parece que he dejado una gran impresión entre esa gente del norte — se decía, complacido, al colocarse las gafas para leer tanta correspondencia inesperada.
20 — A lo mejor contienen elogios para mí, o tal vez contribuciones para mi campaña. — Pero ¡qué chasco se llevó el pobre al saber que estas cartas, en vez de contener elogios y enhorabuenas, no traían más que protestas y recriminaciones indignadas. Una gallega, casada con un asturiano,
25 decía que su marido se había enfurecido tanto al escuchar tanta palabrería en pro de Galicia y en menosprecio de Asturias que ya nadie podía tratar con él. Y un asturiano, que había estado de visita en casa de un primo gallego, decía que "si no hubiera estado en casa ajena habría roto todos los
30 muebles después de escuchar palabras tan falsas, etc., etc."

---

[21] León ... Segovia *provincial capitals through which one would normally pass on the way from Asturias to Madrid*
[22] la Corte *Madrid (literally, "the Court")*

Y una dama de Oviedo decía que ... Pero ¿para qué continuar?

No es necesario decir que cuando se declaró la República fué rotundamente derrotada la gloriosa J. P. C. I. R. T. E. Leopoldo Ruiz, muchos años más tarde, confesó a sus amigos más íntimos que su derrota se debía a un solo detalle: el hecho de que se le había olvidado el viejo refrán, "Gallegos y asturianos, primos hermanos."

Ejercicios

A. Cuestionario:

1. ¿Cuál era el gran deseo de Leopoldo Ruiz?   2. ¿Por qué prefería vivir en Madrid?   3. ¿Qué hizo el futuro presidente antes de dar los primeros pasos en su campaña electoral?   4. ¿Por qué se prestaba admirablemente a la vida política?   5. ¿Qué había hecho después de terminar sus estudios en la universidad?   6. ¿De qué grupo político era jefe?   7. ¿Qué hacía para despertar el entusiasmo del electorado?   8. ¿Qué le preguntó a Ernesto Villar antes de marcharse para Galicia?   9. ¿Por qué fué casi inaudible la parte principal del discurso que pronunció en Santiago de Compostela?   10. ¿Qué promesa dió a los gallegos para ganar sus votos?   11. ¿Adónde fué el candidato después de visitar a Galicia?   12. ¿Cómo trató de ganar la confianza de los asturianos?   13. ¿Qué encontró sobre la mesa de su despacho al día siguiente de su regreso a la corte?   14. ¿Por qué se llevó un chasco al leer estas cartas?   15. Según Ruiz, ¿a qué se debía su derrota política?

B. Adivínese el sentido de:

1. ofender   2. descendientes   3. líder   4. el trono
5. círculos oficiales   6. presidencia   7. oradores elocuentes   8. horizonte   9. el electorado   10. jefe
11. candidato   12. los votos   13. progresista   14. campaña electoral   15. senado   16. favores políticos
17. promesas de campaña   18. convencido   19. adaptarse   20. situación nueva   21. capacidad   22. equilibrio delicado   23. exportador   24. pintoresco
25. profesores conservadores   26. título   27. pronunciable   28. un triunfo decisivo   29. superioridad
30. sagrado   31. inaudible   32. saludar

C. Dense los sinónimos de:

1. el líder   2. ganar   3. enterarse de   4. sin dificultad
5. talento   6. a fin de   7. grupo político   8. indispensable   9. complacido   10. los habitantes de Asturias

D. ¿Son "ciertas" o "falsas" las frases siguientes?

1. En el año 1868 Isabel II puso fin a la Gloriosa.
2. Los naturales de Valencia forman el electorado de
Madrid.   3. Leopoldo Ruiz necesitaba muchos votos
para ser elegido.   4. El gobierno norteamericano
tiene un senado y una cámara de diputados.   5. En
la vida política hay que poder adaptarse fácilmente
a cada situación nueva.   6. En el año 1858 Leopoldo
Ruiz había visitado a un importante exportador de
arroz.   7. Los camaleones cambian de color bajo la
influencia de los gobiernos progresistas.   8. El Louvre
es un museo muy importante de París.   9. Son men-
tirosos los hombres que dicen la verdad.   10. Leopoldo Ruiz estableció su cuartel general en la capital

española. 11. La actividad electoral de Leopoldo
Ruiz consistía en pronunciar discursos literarios en
Inglaterra. 12. Los caciques locales tenían mucha
importancia en la campaña electoral de Ruiz.
13. Según Ernesto Villar, no había ferrocarril entre
La Coruña y Santiago de Compostela. 14. Leopoldo
Ruiz tenía mucho interés en lo que pensaban los gallegos. 15. Hacía un tiempo muy bueno cuando el
candidato pronunció su discurso en la ciudad com-
postelana. 16. Santiago es el santo patrono de España. 17. Covadonga fué un rey muy famoso de
Asturias. 18. El discurso que pronunció el candidato en Oviedo fué casi igual al de Santiago de Compostela. 19. Leopoldo Ruiz les dijo a los asturianos
que Covadonga era el verdadero santuario nacional.
20. Las cartas que recibió el candidato estaban llenas
de observaciones hostiles.

E. Usense en frases originales:

1. se dice que   2. poner fin a   3. por todas partes
4. cambiar de   5. a fin de (+ infinitive)   6. tener el
don de   7. gracias a   8. marcharse para   9. haber de
(+ infinitive)   10. irse   11. hacer todo lo posible
12. tal vez   13. en pro de   14. estar de visita

CAPÍTULO

Diez y Ocho

El hombre-águila

Cada época tiene sus hombres-águilas, esos individuos superiores que se destacan de las masas vulgares y remontan el vuelo hasta tocar las nubes (y a veces perderse en ellas). Estos hombres son los idealistas. Quijotescos[1] a menudo y
5 soñadores siempre, vuelan infatigables en busca de algo mejor. Se retiran voluntariamente de las pequeñeces de la vida para contemplar desde algún peñasco elevado toda la comedia humana que se desenvuelve a sus pies. Estos hombres selectos, lejos de despreciar a la sociedad, la estiman y
10 hasta la aman, y si se alejan de la compañía de sus prójimos no es para desdeñarles sino para conocerles mejor. Por eso el águila ha sido para los poetas el símbolo de las aspiraciones más nobles y generosas del género humano. Algún lector dirá sin duda que el águila es también el símbolo de la ra-
15 piña, y que, por esto mismo,[2] no merece nuestros elogios líricos. Sí, quizá lo sea, pero no debemos olvidar jamás que también don Quijote,[3] el más amable de todos los héroes,

[1] quixotic (*see note 3*)
[2] por esto mismo *for this very reason*
[3] don Quijote *the high-minded, visionary hero of Spain's immortal novel* El ingenioso hidalgo Don Quijote de la Mancha, *by Miguel de Cervantes Saavedra (1547–1616)*

atacó una vez a los viajeros vizcaínos,[4] y que Nuestro Señor Jesucristo no vaciló en castigar a los cambistas del templo.[5] Justicieros, eso sí, pero nunca mezquinos ni viciosos.

De todos mis amigos hispánicos Federico Ulloa es tal vez el que encarna más completamente todos los atributos del hombre-águila de quien hablamos. Variando de residencia cada dos o tres años, no permanece mucho tiempo en un solo país, pero sin embargo se considera ciudadano de todos. Vive tan contento en Chile como en Francia, y cuenta con casi tantos amigos en el Canadá como en España. El caso es que mi amigo Ulloa tiene la ventaja de poder alzarse con frecuencia del mundo prosaico de los teléfonos, tranvías, ascensores y despertadores para habitar el mundo más ancho y puro de las ideas. Y como las ideas no conocen fronteras nacionales (digan lo que quieran los dictadores), Federico Ulloa ha logrado hacerse en casi todos los países amistades hondas y duraderas que valen más que todo el oro del Perú. Es un hombre, en fin, que goza del raro privilegio de vivir en la sociedad, y al mismo tiempo, al margen de ella. Federico Ulloa es (¿por qué no decirlo de una vez?)[6] filósofo. Siendo filósofo es inevitablemente amigo de los hombres, pues ¿qué filosofía puede haber que no tenga por base el lugar del hombre respecto al universo en que vive?

Así es que mi amigo Ulloa dedica mucho tiempo a considerar los distintos papeles que desempeñan los hombres en esta gran comedia que llamamos "vida." Cuando yo le dije, hace algunas semanas, que estaba dando los toques finales a un librito sobre "ciertos tipos humanos" (el mismo libro

---

[4] los viajeros vizcaínos *the reference is to an episode in* Don Quijote *(Part I, Chapter 8) in which the hero attacks a group of Basque wayfarers whom he believes guilty of abducting a beautiful lady but who are in reality quite innocent of any such crime.*

[5] cambistas del templo *see St. Matthew, XXI:12*

[6] de una vez *once and for all*

que el lector paciente tiene ahora en las manos), Ulloa expresó mucho interés en ver el manuscrito. Yo, no sin cierta satisfacción inmodesta, me apresuré a entregárselo dos días después. Al cabo de dos o tres semanas, una tarde de abril
5 que estábamos sentados los dos en la terraza de un café, Ulloa me devolvió el manuscrito y, con él, varios comentarios interesantes.

—Bueno, Federico, ¿qué te parecen estos señores que figuran en mi libro? — le pregunté, ansioso de escuchar las
10 opiniones de un verdadero filósofo.

—Pues, no cabe duda que hay allí una gran variedad de tipos, algunos buenos y otros malos. A mí me interesan francamente unos más que otros, y . . .

— ¿Cuáles? — le interrumpí bruscamente, deseoso de
15 saber cuanto antes[7] por qué le gustaban algunos y no otros.

—Hombre, tranquilízate, que no corre tanta prisa[8] — dijo Federico con esa calma tan típica de los grandes pensadores. — Yo, por ejemplo, le tengo mucha lástima a ese hombre-burro que no hace más que trabajar día tras día
20 en el banco, esperando ser ascendido. Es un tipo tan frecuente en la sociedad que no puede menos de[9] despertar el compadecimiento del lector.

—Y los demás personajes, Federico, ¿qué tal? — insistí con impaciencia.

25 — Otro que me interesa mucho es el mozo de café que habla tan francamente con tu don Efraín, el hombre-buho ése. A mi modo de ver, el mozo sabe más filosofía que la mayor parte de los profesores. Y como yo también admiro mucho a Ortega y Gasset, no puedo menos de tenerle cierto
30 respeto al camarero. También me gusta . . .

[7] cuanto antes *as soon as possible*
[8] no corre tanta prisa *there's no reason for such haste*
[9] no puede menos de *he can't help but*

— ¿Quién, quién? —interrumpí de nuevo, no pudiendo contener mi curiosidad de autor novel.

— Me gusta el panameño, tu hombre-tortuga, cuya lentitud congénita (que yo puedo apreciar muy bien habiendo pasado dos años en el trópico) hace un contraste tan dramá- 5 tico con el carácter enérgico y quizá demasiado emprendedor del norteamericano. Me parece que has cogido muy bien una de las diferencias más notables entre el yanqui y el latino. Claro, has exagerado bastante estas diferencias, pero . . .   10

— ¿Cómo? ¿Qué es esto de exagerar, Federico? ¿Exagerar yo? Eso nunca — protesté, temiendo ya lo que él iba a decir.

— Hombre, no te pongas así.[10] Si te enojas no vuelvo a[11] abrir la boca — dijo mi compañero, lleno de indulgencia 15 filosófica. — Sólo te digo que en cada artículo has subrayado más de la cuenta[12] una sola flaqueza humana, como si ésta existiera separadamente en un individuo aislado en vez de encontrarse, combinada con otras muchas, en todos los hombres. ¿No crees, por ejemplo, que en el hom- 20 bre-tortuga puede haber ciertos rasgos que tienen el hombre-conejo y el hombre-oveja? ¿No es posible que el hombre-zorro tenga mucho en común con el hombre-camaleón? ¿Y no tenemos todos en la sangre un poquito del hombre-pavo-real o del hombre-avestruz? Temo que, al 25 aislar estos rasgos en distintos hombres determinados, corras el riesgo de generalizar demasiado.

— Lo que dices, amigo Ulloa, es justo, hasta cierto punto — contesté, bastante desconcertado. — Pero yo no soy el primer escritor en limitar mi estudio a una sola faceta del 30

---

[10] no te pongas así *don't get in such a state*
[11] volver a (+ infinitive) *to do something again*
[12] más de la cuenta *more than is proper*

carácter humano. Y si no,[13] ¿qué ha hecho Molière[14] en *Le Malade imaginaire*, y Larra[15] en *El castellano viejo*, y aun Galdós[16] en *Misericordia*?

—Pero, hombre, ¡tú estás exagerando ahora más que
5 nunca! ¿O crees, acaso, que estás en la misma categoría que esos autores? Hazme el favor de no decir tonterías.

—Si yo no pretendo igualarme a ellos — respondí, perdiendo terreno a cada paso. — Digo sencillamente que un escritor, por humilde que sea, tiene el derecho de agrandar,
10 si viene al caso,[17] esas manías o debilidades que explican el por qué de la conducta humana.

—Entonces — insistió mi interlocutor implacable — lo que estás diciendo ahora es que eres caricaturista. Muy bien. Estamos de acuerdo. Estos artículos tuyos pretenden ser
15 caricaturas. Pero no me digas que Benina,[18] en *Misericordia*, es una caricatura, o que don Quijote es una caricatura. Indudablemente son mucho más que eso, pues tanto[19] Galdós como Cervantes han hecho un análisis profundo de sus personajes respectivos, mientras que tú te has contentado con
20 jugar un poquito con los rasgos superficiales.

—Federico, en el fondo estamos de acuerdo. Pero tú

[13] Y si no   *and if you don't believe it*

[14] Molière   *pseudonym of Jean Baptiste Poquelin (1622–73), French actor and playwright, who in* Le Malade imaginaire *ridicules the confirmed hypochondriac.*

[15] Mariano José de Larra (1809–37)   *chief prose writer of Spanish romanticism who in* El castellano viejo *criticizes an exaggerated patriotism which praises everything Spanish and condemns everything foreign.*

[16] Benito Pérez Galdós (1843–1920)   *considered by many to be Spain's greatest novelist since Cervantes. In* Misericordia *Galdós portrays a loyal and self-sacrificing servant who secretly supports her penniless mistress by begging in the streets. Benina's sense of pity and true charity is met only by ingratitude when her mistress falls heir to a small fortune, at the end of the novel.*

[17] si viene al caso   *if the occasion is right*

[18] Benina   *(see note 16)*

[19] tanto . . . como   *both . . . and*

atribuyes a mis artículos mucho más de lo que yo he pretendido. Y en esto eres tú el que está exagerando.

— ¿Y piensas mandar este manuscrito a la imprenta? — me preguntó el filósofo, dando un rumbo nuevo a la discusión.   5

— Mira, no estoy seguro. Es posible que mis artículos ofendan a algunos lectores susceptibles.[20] Por eso no sé si debo publicarlos o no.

— Ay, joven, no seas tan tímido. ¿Quién se va a enojar? Ningún hombre es perfecto, y todos tenemos nuestra por- 10 ción de rarezas. Cada loco con su tema,[21] ¿eh? Así es la vida.

Pocas semanas después de mi conversación con Ulloa me animé a llevar el manuscrito al editor. Puede que[22] el lector se crea estafado. Allá él. He hecho lo que he podido. Adiós.

Ejercicios

A. Cuestionario:

1. ¿Quiénes son los hombres-águilas?   2. Para los poetas ¿de qué es símbolo el águila?   3. ¿Quién escribió *Don Quijote de la Mancha*?   4. ¿Por qué se considera Federico Ulloa ciudadano de todos los países?   5. ¿Por qué es inevitablemente amigo de todos los hombres?   6. ¿De qué librito hablan Federico y el autor?   7. ¿Qué opinión tiene Federico acerca del hombre-burro?   8. ¿Por qué protesta el autor cuando se refiere Ulloa al hombre-tortuga? 9. Según Ulloa ¿qué riesgo corre el autor al subrayar en sus varios personajes un solo rasgo característico?

[20] susceptibles   *touchy*
[21] Cada ... tema   *every madman has his own fixations*
[22] Puede que   *it may be that, perhaps*

10. ¿Cómo se defiende el autor? 11. ¿Por qué no sabe el autor si debe publicar su manuscrito? 12. ¿Se cree Vd. estafado al terminar este libro?

B. Adivínese el sentido de:

1. época 2. idealista 3. voluntariamente 4. infatigable 5. elevado 6. comedia humana 7. estimar 8. compañía 9. aspiraciones nobles y generosas 10. atacar 11. templo 12. completamente 13. atributos 14. frontera 15. prosaico 16. puro 17. dictador 18. manuscrito 19. igualar 20. comentarios interesantes 21. variedad 22. bruscamente 23. debilidad 24. curiosidad 25. contraste dramático 26. separadamente 27. generalizar 28. categoría 29. conducta humana 30. caricaturista 31. análisis profundo

C. Dense los contrarios de:

1. las masas vulgares 2. despreciar 3. mezquino 4. prosaico 5. devolver 6. preguntar 7. aislar 8. impaciencia 9. superficial 10. valer más

D. Complétense las frases siguientes:

1. Los hombres-águilas se _____ de las masas vulgares. 2. Se _____ de la compañía de sus prójimos. 3. Don Quijote no _____ en atacar a los vizcaínos. 4. Federico Ulloa vive tan contento en Chile _____ en Francia. 5. Tiene amistades hondas y duraderas que _____ más que todo el _____ del Perú. 6. Los hombres desempeñan distintos _____ en esta gran comedia humana. 7. Me _____ a entregarle el manuscrito dos días después. 8. No _____ duda que hay allí una gran variedad de tipos. 9. No hace más que trabajar _____

tras _____ en el banco. 10. No puedo _____ de tenerle cierto respeto al camarero. 11. Si te enojas yo no _____ a abrir la boca. 12. Temo que _____ el riesgo de generalizar demasiado. 13. No soy el primer escritor _____ limitar mi estudio a una sola faceta del carácter humano. 14. ¡Tú estás exagerando ahora _____ nunca! 15. Hazme el _____ de no decir tonterías. 16. _____ estás diciendo ahora es que eres caricaturista. 17. _____ Galdós como Cervantes han hecho un análisis profundo de sus personajes respectivos. 18. Es posible que mis artículos _____ a algunos lectores susceptibles.

E. Defínanse o explíquense en español:

1. un águila   2. Don Quijote   3. entregar   4. un escritor   5. tener impaciencia   6. volver a hacer una cosa   7. agrandar   8. dar a la imprenta   9. tímido 10. "adiós"

Vocabulary

The vocabulary is intended to be complete except for the following: articles, personal pronouns, demonstrative and possessive adjectives and pronouns, contractions, proper nouns explained in the notes, cognates of easily recognized English words, and the various forms of regular and irregular verbs.

A dash indicates a repetition of the key word in a given entry: for example, under **favor, por** — means *please*.

Idiomatic phrases are entered under (1) the noun or the first noun; (2) the verb, if there is no noun; (3) the first significant word, if there is neither noun nor verb.

a to
abajo down, under; downstairs
abanico fan
abeja bee
abierto *past part. of* **abrir**
abogacía law profession, bar
abogado lawyer
abrazo embrace
abrigo overcoat
abril April
abrir open
absorto absorbed
aburrimiento boredom
aburrir bore
abyecto abject
acabar finish, end; — **por** do finally, end up by doing; — **de** have just
acaso perhaps, maybe
acento accent, tone of voice
acera sidewalk
acerca de pertaining to, about
acercarse approach, draw near
acomodar adapt, adjust
acompañar accompany
acondicionado conditioned

acontecimiento event, happening
acordarse (de) remember, recall
acostarse go to bed, lie down
acostumbrar accustom
actitud attitude
actriz actress
acudir come (in response to)
acuerdo agreement, accord; **estar de** — be in agreement
acumular store up, accumulate
adecuado adequate, satisfactory
adelante ahead, forward; **salir** — get ahead, advance
además moreover, besides; — **de** in addition to
adiós goodbye
adivinar guess
administrador superintendent, overseer
admirador admirer
adonde where, whither; **¿adónde?** where?
Adonis in classical mythology, a youth famous for his beauty and beloved by Venus
adoptivo adopted

advertir notify, point out, call to
  one's attention
afán zeal
afeitar(se) shave
afeminado effeminate
aficionado fan, enthusiast
afortunadamente fortunately
afuera outside
agasajar shower with attentions
agitado bumpy, uneven
agosto August
agradable pleasant, agreeable
agradar please
agrandar enlarge, magnify
agua water
aguantar bear, put up with
agudo sharp
águila eagle
ahí there
ahora now; — mismo right now,
  at this very moment
ahorrar save, economize, store up
ahorrativo thrifty
ahorros savings
aire air; por los —s through the
  air; al — libre in the open air
aislar isolate
ajeno another's, of another
ajetreo bustle, rush
ala wing
alabar praise
alcalde mayor
alcance reach, range; al — de
  within reach of
alcanzar reach
aldea village
aldeano villager
alegrar make happy; —se de be
  glad that, be happy about
alegre happy, gay
alegría joy, happiness
alejarse (de) move away, keep
  aloof from

alemán German
Alemania Germany
algo something; somewhat, rather,
  a little
alguien somebody
alguno, algún some, any; a few
aliento breath
aliviado relieved
alma soul
almorzar lunch, have lunch
almuerzo lunch
alojamiento lodging
alquilar rent, hire
alquiler rent
alto high, tall; ¡alto! halt! stop!
aludir allude
alumno student
alzar raise, lift
allá there, yonder; — él that's his
  affair, that's up to him
allí there (more precise than
  allá)
ama landlady, housekeeper
amable nice, kind, friendly
amado beloved
amar love
amarillento yellowish
ambiente surroundings, environ-
  ment
ambos both
amenaza menace, threat
amenazar threaten, menace
americana suit coat, jacket
amigo friend; fond of
amistad friendship, acquaintance
amistosamente warmly, in a
  friendly manner
amontonar pile up
amor love
amplio roomy, ample
anarquía anarchy
anarquista anarchist
ancho broad, wide

andaluz Andalusian (from Andalucía, in southern Spain)

andanza deed, act, wandering

andar walk, go, proceed; be

andén platform (of a station)

anfitrión host

animado lively, animated

animar encourage; —se a find courage enough to

anoche last night

anochecer grow dark, be nightfall

anónimo anonymous, nameless

anterior previous, before

antes before; cuanto — as soon as possible; — de hablar before speaking

antiguo former, ancient

anunciar announce, declare

anuncio advertisement, announcement

añadir add

año year; tener (veinte) —s be (twenty) years old

apacible peaceful, tranquil

apaciguar pacify, appease; —se subside, calm down

aparato apparatus, instrument

aparecer appear, show up

aparente evident, obvious, apparent

apariencia aspect, appearance

aparte de aside from

apenas scarcely, hardly

aperitivo apéritif, appetizer

apetito: abrir el — sharpen the appetite

aplazar put off, postpone

aprender learn

apresurarse hasten, hurry

apretón squeeze; — de mano handshake

apretura jam, crush

aprovechar take advantage of, make the most of

aquí here; por — around here

ara altar; en —s de on the altar of

aragonés Aragonese (from Aragón, in northeast Spain)

árbol tree

arca ark, chest

arder burn

ardiente ardent, burning

ardilla squirrel

arena sand

arma arm; — de fuego firearm

armario closet, cupboard

arqueología archeology

arreglar arrange, fix

arriba up, upward; ¡arriba! up with!

arrimado leaning, resting against

arrojar hurl, throw

arroz rice

asamblea assembly, rally

ascender promote; total, amount to (with figures)

ascensor elevator

asegurar assure, maintain, assert, insure; —se de make sure of

asentir assent, agree

así so, thus, like this (that); — como just as

asistente onlooker, spectator

asistir attend

asomar appear, look out (a window or door)

asombroso amazing, startling

astucia astuteness, cleverness

asturiano Asturian (from Asturias, in northern Spain)

asunto matter, affair, business

atacar attack

atar tie, fasten

atender attend to, wait on

atestado crowded, jammed

atractivo attractive quality, charm

atraer attract

atrasado late, in arrears
atroz atrocious
aun still, even, yet
aunque although, even though
ausencia absence
ausente absent
autobús bus
autor author
autoridad authority
ave bird
averiguar ascertain, make certain
avestruz ostrich
avión airplane
avisar notify
aviso warning, alert; **sobre —** on
the alert
ay alas! ¡**— de mí!** woe is me!
ayer yesterday
ayudar help
ayuntamiento town hall; town or
city government

badajocense from Badajoz, provincial capital in southwest Spain
baile dance, ball
bajar get off or out (of vehicles);
go down, descend
bajo under; low, lowly; short
banco bank, bench
banderilla barbed dart used by the
banderillero in a bullfight
bañarse bathe, go bathing
baño bath; **cuarto de —** bathroom
barrer sweep
barrio section, quarter (of a city),
neighborhood; **— de viviendas**
residential area
bastante enough, rather, fairly,
quite
bastar suffice, be enough
basura garbage, refuse

bata dressing gown, bathrobe
beber drink
bebida drink
belleza beauty
benéfico charitable, benevolent
berlinés Berliner
besar kiss
bestia beast, animal
biblioteca library
bien well; **está —** o.k., fine, all
right; **—es** possessions, wealth;
—es raíces real estate; **hacer —**
do good, be good for
bienestar well-being, comfort
bigote mustache
billete ticket; bill (paper money);
sacar un — buy a ticket
bistec beefsteak
boca mouth
bochornoso muggy, sultry
bolsillo pocket
bonito pretty, nice
bote boat; **— de remos** rowboat
botella bottle
boticario druggist, pharmacist
brazo arm
brillar shine
brisa breeze
broma joke, jest; **no estar para —s**
to be in no mood for jokes
bromear joke, jest, kid
bronce bronze
bronceado tanned, bronzed
bueno good, fine, o.k., well
Buenos Aires capital of Argentina
buho owl
burgués bourgeois, middle-class
burro donkey
busca search
buscar search, look for

ca no!, by no means!, on the contrary

caballo horse; **a —** on horseback, astride, straddling

caber fit, be room for; **no cabe duda** there is no doubt

cabeza head

cabo end; **al fin y al —** finally, after all

cacique political boss

cada each, every

cadáver corpse

caer fall; **—se** fall (down)

café coffee; café

caja box

calefacción heat, central heating; **— a petróleo** oil heat

caliente hot

calistenia calisthenics

caluroso hot

callar(se) be quiet, keep still

calle street

cama bed

camaleón chameleon

cámara chamber; **— de diputados** Chamber of Deputies (House of Representatives)

camarero waiter

cambiar (de) change, exchange; cash (checks)

cambista moneychanger

caminar walk, go, travel

camino road

camión truck

camionista truck driver

campamento camp

campaña campaign

campeón champion, defender

campesino farmer, peasant

campo country, countryside, field

canción song

candoroso innocent, simple

cansar tire

cantidad quantity, amount

capaz able, capable

capitalito small capital (sum of money)

capítulo chapter

capricho whim, caprice

caprichoso capricious, unpredictable

cansar tire; **—se de** grow tired of

cara face, expression

caramba gosh! gee!

carbonero coal dealer

carcajada burst of laughter

cargar load, carry

carne meat, flesh; **de — y hueso** of flesh and blood

carrera race, running, course, career, profession

carro wagon

carruaje carriage

carta letter

casa house; business house; **en —** at home; **— de huéspedes** boarding house; **— de pisos** apartment house

casadero marriageable

casamiento marriage, matrimony

casar marry (off); **—se con** marry, get married; **casado** married man

casero landlord

casi almost

caso case, fact; **hacer — de (a)** pay attention to, heed; **si viene al —** if it is appropriate

castigar punish

casualidad chance, accident; **da la —** it just so happens

Castellana, Paseo de la one of Madrid's main boulevards

castillo castle

catedrático professor (holder of a university chair)

categórico definite, absolute

catorce fourteen

cauce bed (of river)
cautivar capture, captivate
cavar dig
ceder yield, give way
ceguera blindness
célebre famous
cementerio cemetery
cena supper, dinner
cenar have dinner, dine
cerca (de) near
cercano nearby, adjoining
cerrar close, shut; —se close in
cerveza beer
cesar cease, stop
cesta basket
cielo heaven, sky
ciencia science
cien(to) one hundred
cierto certain, true, right
cifra figure, number
cinco five
cincuenta fifty
cine movies, movie theater
circular run (of streetcars, trains, etc.)
citado appointed, agreed upon
citar mention, quote
ciudad city
ciudadano citizen
claro clear, obvious; of course; está — clearly, obviously; — que of course, naturally
clase class, kind; sala de — classroom
clavar nail, fix, stick in
cobrar collect, cash (a check)
cobro collection, receiving
cocer cook, bake (bread)
cocina kitchen
coche car, automobile, coach; — fúnebre hearse
coger catch, seize, pick up, take

cola line, queue, tail; hacer — stand (wait) in line
colchón mattress
colectivo bus (in Argentina)
colgar hang (up)
colina hill
colmo limit, last straw
colocar place (with care); arrange; —se las gafas put on one's glasses
coloradote ruddy
comarca district, region
combatiente combatant, fighter
comedor dining room
comenzar begin, commence
comer eat; dar de — feed
comida food, meal, dinner
como like, as, since; así — just as; ¡cómo! what!; ¡— que ...! what do you mean!; ¡— no! of course, naturally; ¿—? how?, what?
comodidad comfort, convenience
compadecimiento sympathy, compassion
compañero companion
complacer please, satisfy
completo complete; por — completely
componer repair, mend; compose
compostelano from the city of Santiago de Compostela, in Galicia
comprador buyer, purchaser
comprar buy
comprender understand
comprobar check, verify
comprometer involve, obligate; —se promise, obligate oneself
compuerta floodgate
compuesto repaired
con with
conciliador conciliatory

concurrido crowded, competitive
concurso contest
concha shell
condenar condemn
conductor driver, conductor
conejo rabbit
confesar admit, confess
confianza trust, confidence
confiar entrust; —se en put trust in
conformarse (con) resign oneself to, accept
conforme agreed, granted
confortador comforting
confundir confuse, confound
conmigo with me
conocer know, be acquainted with; meet (*in pret.*)
conocido acquaintance, friend
conocimiento acquaintance, understanding, knowledge
conquista conquest
consciente aware, conscious
consejero adviser
conservador conservative
consigo with himself (herself, itself, themselves, etc.)
consiguiente: por — consequently
consolador consoling, comforting
construir build, construct
contar count, tell, relate; — con count on, rely on, have
contener contain, hold in
contentar satisfy, content; —se con be content with
contertulio member of a **tertulia**, or informal social gathering
contestar answer, reply
continuación: a — below, as follows
contra against, contrary to; en — suya against him (her, etc.)
contrariar annoy, provoke

contrario opposite, contrary; al — on the contrary
convencer convince
convenir suit, be appropriate
convidado guest
cónyuge spouse
copiar copy
corazón heart
corola corolla (the inner circle of flower petals, serving mainly as an attraction for insects)
correo mail
correr run
correría dash, excursion
corrida bullfight
corriente stream, current; estar al — be in touch with, aware of
corro group, circle
corte court; hacer la — a pay court to, court
corto short
cosa thing
cosechar harvest
costa coast
costado side
costar cost
costero coastal
costumbre custom, habit; de — usual, customary
cotorra magpie, chatterbox
crear create
crecer grow, increase
creencia belief
creer think, believe; **ya lo creo** I should say so!
criado servant
Cristo Christ
cruzar cross
cuadro picture, painting
cual which, whom, what
cualquier any, any at all
cuando when; ¿cuándo? when?
cuanto as much, as much as;

¡cuánto! how!; ¿cuánto? how much?; — antes as soon as possible; en — a as for, regarding
cuarenta forty
cuartel general headquarters
cuarto fourth, quarter; room; — de baño bathroom
cuatro four
cubrir cover
cuello neck
cuenta count, account; bill; darse — de realize; echar la — reckon, figure; más de la — more than is fitting
cuento story, tale
cuerpo body
cuesta hill, grade
cuidado care
cuidadosamente carefully
cuidar care for
culpa blame, fault
culto cultivated, cultured
cumplir execute, carry out, fulfill
cuna cradle
cura priest
curado cured; seasoned (of wood)
cuyo whose

chalán horse trader
charlar chat, converse
chasco disappointment; llevarse un — be disappointed
cheque check
chica girl
chico small; n. boy, youngster; pl. kids
chillón loud (of colors), flamboyant
chimenea fireplace
chiquito tiny, very small
chiva small bus (in Panama)
chófer driver, chauffeur
chorro jet, stream

chupar suck

dama lady
dantesco Dantesque, in the style of Dante (Italian poet, 1265–1321)
dar give; — de comer feed; —se por vencido give up, recognize defeat; — con (en) hit upon, strike
datos data, facts
de of, from; — ... en from ... to ...
debajo (de) underneath, under
deber owe, ought, must; — de (ser) probably (is), must (be)
debido a due to, owing to
débil weak
decir say, tell; es — that is; — que no say "no," say the opposite
dedicación devotion, dedication
dedicar devote, dedicate
dedo finger
definir define
dejar leave, let, allow, permit; — de stop, cease to; — tranquilo leave alone
delante ahead, in front; — de in front of
deleite delight, pleasure
demás others; rest, remaining
demasiado too, too much, too many
denominar name, call
dentro in, inside; — de poco in a little while
departamento apartment, department
deportivo sporting, sport
derecho right; tener — a have a right to; a la derecha on the right
derrota defeat, rout

derrotar defeat, put to flight
desagradable unpleasant, disagreeable
desaparecer disappear
desaparición disappearance
desarrollar develop
desastre disaster
desayuno breakfast
descenso descent
descompuesto out of order, broken
desconcertante disconcerting
descorazonar discourage; —se be discouraged
descubrir discover
desde since, from; — hace (hacía) un mes for a month
desdeñar disdain, scorn
desear desire, wish
desempeñar play (a part)
desenterrar unearth, dig up
desentonar be out of place, be different
desenvolver unfold, unroll
deseo desire, wish
deseoso desirous, anxious
desesperado desperate, in despair
desfilar pass by, parade
desfile parade
desgracia misfortune, unhappiness
desgraciadamente unfortunately
desoír disregard, pay no heed to
despacho office
despedir send off, dismiss; —se de take leave of
despertador alarm clock
despertar awaken
despierto awake, alert
despreciar scorn
desprecio scorn
despreocupación unconcern
despreocupado carefree, without concern

después (de) after; afterwards, later
destacarse stand out, be outstanding
desterrado exiled, banished
detalle detail
detener stop, detain
detenido thorough, detailed
detrás (de) behind, after, in back (of)
devolver return, give back
devorador devouring, all-consuming
devorar devour
D. F. Distrito Federal (the "capital district" in which Mexico City is located)
día day; buenos —s good day, good morning; a los pocos —s a few days later
diablo devil; de todos los —s devilish, a devil of a
diario daily
dicho past part. of decir
dichoso confounded, cursed
dieciséis sixteen
diente tooth; entre —s under one's breath
diez ten
difícil difficult
digno worthy, deserving
diletante dilettante (a dabbler in the arts)
diluvio deluge, flood
diminuto small, diminutive
dinero money
Dios God; ¡por Dios! good heavens!
dirigir direct; —se go (toward), address
discurso speech
diseminar scatter, spread
disfrazado disguised; — de disguised as

disgustar displease
disminuir reduce, diminish
disparate foolish remark, bit of
   nonsense
dispensar excuse, pardon
dispuesto ready, prepared, willing
distinto different
distraer distract, amuse
divertido amusing, entertaining
divertir amuse; —se have a good
   time
divisar discern, make out (at a
   distance)
divulgar divulge, reveal
doce twelve
docena dozen
dólar dollar
dolor grief, pain
dolorido aching, sore
doloroso painful, grievous
domesticado tame, domesticated
domingo Sunday
don gift, ability; Don, Doña ti-
   tles of respect used only with first
   names
donde where; ¿dónde? where?
dormido asleep
dormilón sleepyhead
dormir sleep; —se fall asleep
dormitorio bedroom
dos two
doscientos two hundred
dotado (de) endowed with, blessed
   with
ducha shower (bath)
duda doubt; sin — probably, undoubtedly
dudoso doubtful, dubious
dueño owner, master
dulce sweet
duradero lasting
durante during
durar last

duro hard

e and (used in place of y before
   words beginning with vowel sound
   i)
Ebro important river in northeast
   Spain
echar throw; —se lie down
edad age
edificio building
editor publisher
efectivamente indeed, as a matter
   of fact
efecto effect; en — indeed, as a
   matter of fact
eficacia effectiveness
egoísta selfish
ejemplo example; por — for example
ejercicio exercise
ejército army
electricista electrician
elegir elect, choose
elevado lofty, high
elevar raise, elevate, lift; —se rise,
   go up
elogio praise
embargo: sin — however, nevertheless
embestir attack
emitir give out, broadcast
emocionado excited
emocionante exciting
empaquetar wrap, package
empezar begin
empleado clerk, employee
emplear use, employ
empleo job, employment
emprendedor enterprising
emprender undertake
en in, on, at
encajar fit
encantador charming

encantar charm, delight
encanto charm, appeal
encargado in charge; person in charge
encarnar embody, incarnate
encerrar shut up, enclose
encima (de) above, over, on top
encontrar find; —se be
enchufe outlet, plug
enemigo enemy
enérgico energetic
enfermo ill
enfurecer make angry; —se get angry, become furious
enhorabuena(s) congratulations
enojar annoy, anger, vex; —se get angry
enriquecer enrich; —se get rich, grow wealthy
ensanchar expand, enlarge
enterado informed
enterarse (de) find out about, become aware of
entero entire, whole
enterrar bury
entonces then
entrada entrance, ticket; sacar una — buy a ticket
entrar enter, come in, go in
entre among, between; — dientes under one's breath
entregar hand over, deliver; —se devote oneself
entretanto meanwhile, in the meantime
entretiempo: de — light weight (for spring or fall)
envidiar envy
época time, period, epoch
equipaje baggage, luggage
equipo team
equivocarse make a mistake, be wrong

erudito scholar
esbeltez slimness
escala ladder
escalera stairway, stairs
escaparate store window
escarbar scratch (the ground)
escasez scarcity, shortage
escaso scarce, rare
escocés Scottish; Scot
escoger choose, select
esconder hide, conceal
escopeta shotgun, gun
escribir write
escritor writer
escuchar listen (to)
escuela school
esfuerzo effort
esmero pains, great care
espacio space, room
espacioso spacious
espalda back
España Spain
español Spanish; Spaniard
espectador spectator
espejo mirror
esperar hope, wait (for), expect; cuando menos se espera when you least expect it; — a que + subj., wait until
espléndido splendid, gorgeous
esposa wife
esqueleto skeleton
esquina (street) corner
establecer establish
establecimiento establishment
estación season, station
estado state, condition; Estados Unidos United States
estafado swindled, cheated
estar be
estatua statue
estatura stature, build
este n. east; adj. this

éste this one, the latter
estela wake, trail
estilo style, manner; **por el —** like that, on that order
estimado esteemed, valued
estimular stimulate
estorbar interfere with, hamper
estratagema ruse, stratagem
estratificación stratification
estrechar squeeze, press
estrella star
estudiar study
estudio study
estupendo stupendous, wonderful
estupidez stupidity
estúpido stupid
evidente obvious, apparent
evitar avoid
examen examination
excelencia: por — *par excellence*
exigir require
éxodo exodus, mass departure
explanada esplanade, promenade
explicación explanation
explicar explain
exponer expose
extender extend, reach out
extraer extract
extranjero foreign; foreigner
extraño strange
extraviarse get lost, go astray

fábrica factory
faceta facet, side, aspect
falta need, lack; **sin —** without fail; **a — de** for want of, for lack of
faltar be lacking; **me falta** I need, I am wanting
fama fame, reputation; **tener — de** have the reputation of being
famoso famous
fanatismo fanaticism

farmacia drugstore, pharmacy
farol street light
farsa farce, humbug; skit
fatalmente inevitably, fatally
favor favor; **por —** please
fe faith
febrero February
fecha date
felicidad happiness, bliss
felino cat-like, feline
feliz happy
feo ugly, homely
feria fair
feroz ferocious, fierce
ferretería hardware store
ferrocarril railroad
festejar celebrate, fête
fiar trust, confide; **—se de** rely on
fíbula calf bone
fiel faithful, loyal
fiesta holiday, celebration; **— brava** bullfight
figurar(se) imagine
fijo steady, fixed; **de —** exactly, precisely
filósofo philosopher
fin end; **al —** at last; **al — y al cabo** finally, when all is said and done; **— de semana** weekend; **en —** in short, finally; **a — de** in order to; **poner — a** put an end to; **por —** finally
fino fine, shrewd
firmeza firmness, conviction
flaco thin, skinny
flacucho very thin, very skinny
flaqueza weakness, failing
flojo weak
flor flower
fomentar encourage, stimulate
fondo bottom, back, background; **a —** thoroughly; **en el —** fundamentally, at heart

forastero outsider, stranger
forzar force, oblige
francés French; Frenchman
Francia France
franqueza frankness
frase sentence, phrase
frenético frantic, feverish
frente front, forehead; — a in the face of, opposite; **hacer — a** face, confront
fresco fresh
frío cold
frontera border, frontier
fronterizo *adj.* border
fructuoso fruitful, productive
fuego fire
fuera out, outside; **por —** from (on) the outside; **— de sí** beside himself
fuerte strong; bad (with **resfriado**)
fuerza strength, power; **a la —** by force
funcionar function, work
fúnebre funereal; **coche —** hearse
furibundo furious, angry

gabinete study
gafas glasses, spectacles; **— contra el sol** sun glasses
Galicia region in northwest Spain
gallego Galician, inhabitant of Galicia
gallina hen, chicken
gana desire; **tener —s de** feel like
ganar(se) win, earn
gastar spend (money), waste; wear
género race, kind
gente people
gimnasio gymnasium
girar turn, rotate
gitano gypsy
glacial cold, icy
gobierno government

golondrina swallow (**bird**)
golpe blow
golpear hit, strike
gordo fat
gotita little drop
gozar (de) enjoy
gozoso joyful
gracia grace; witticism; **—s** thanks
grande large, big, great
granero barn, granary
grato pleasing
gravemente seriously, gravely
griego Greek
grifo faucet
gris gray
gritar shout, cry
Guadiana river in southwest Spain, forming a portion of the Spanish-Portuguese border
guapo good looking, attractive
guardar put away, guard, keep; **— cama** stay in bed
guardia policeman; **— civil** member of Spain's rural police force, the Civil Guard
guía guide, guidebook
gustar to be pleasing; **me gusta** I like
gusto taste, pleasure; **tanto — en conocerle** very pleased to meet you

haber have; **hay (había)** etc. there is, there was, etc.; **— de** + *inf.*, must, be to; **— que** + *inf.*, to be necessary to; **¿qué hay de nuevo?** what's new?
habilidad ability, talent
habitar inhabit, dwell in
hablar speak, talk
hacer do, make; **— de** do with; **—se** become; **hace poco** a little

while ago; **hace (cinco) años
(que)** (five) years ago; **hacer +**
inf. have something done; **no
hace más que +** *inf.* do nothing
but
hacia toward
halagos flattery, complimentary
words
hallar find
hallazgo find; discovery
hamaca hammock
hambre hunger; **tener —** be
hungry
hasta as far as, up to, until; even
hay (see **haber**)
hazmerreír laughing stock
hecho fact; *past part.* of **hacer**
hercúleo herculean, as strong as a
giant
heredar inherit, fall heir to
hermano brother; *pl.* brothers,
brothers and sisters; **hermana**
sister
hermoso handsome, beautiful
herrero blacksmith
hijo son, child; *pl.* sons, sons and
daughters, children
hipertensión high blood pressure
hipotético hypothetical
hispánico Hispanic
hispano Hispanic; **— romano** of
or pertaining to Roman Spain
historia story, history
hola hello, hey!
hombre man
hombro shoulder
hondo deep
honrado honest, honorable
hora hour, time
horario schedule
horno oven
hospedar lodge; **—se** stop for the
night, put up

hoy today; **— en día** nowadays
huelga strike (of workers)
huerta vegetable garden
hueso bone
huésped guest
huir flee
húmedo damp, humid
humilde humble
humo smoke
hurtar steal

idioma language
iglesia church
igual equal, same, similar; **— que**
just as, as well as
igualar equate, equal
ilustre illustrious
imperio empire
imponente imposing
importar matter, be important
imprenta press, printer's
incapaz incapable, unable
incesante endless, incessant
incienso incense
incluso including, even
incómodo uncomfortable
incomprensible incomprehensible
inconcebible inconceivable
incorporarse join, enter
incrédulo incredulous
increíble incredible
indeciso indecisive
indicar show, indicate
indicio sign, indication
indignado indignant
indudablemente undoubtedly
industrial industrialist; industrial
inesperado unexpected
inexplicable unexplainable
infatigable tireless, indefatigable
infierno inferno, Hell
ingeniero engineer

ingenuidad innocence, ingenuous-
ness
ingenuo naïve, ingenuous
Inglaterra England
inglés English; Englishman
iniciar begin, initiate
inmensidad vastness, immensity
inminente imminent
innato innate, inborn
innegable undeniable
inolvidable unforgettable
inquietud restlessness, uneasiness
inquilino tenant, renter
instalarse move in, settle
intachable impeccable, beyond re-
proach
intercambio interchange
interesante interesting
interlocutor person with whom one
is speaking
interrumpir interrupt
intrépido fearless, bold
inútil useless
invierno winter
ir go; —se go away, leave; ¿cómo
te va? how are you?, how goes
it?; vamos let's go; well!; come
now!, see here!
isla island
izquierdo left (hand)

jadeante panting, out of breath
jamás never; ever
jardín garden; — zoológico zoo
jefe boss, chief, head
joven young; young man
juego game; —s de campo y pista
track, track events
jugador player
jugar play
juguete toy, plaything
julio July
junta committee, alliance

junto together; — a near, close to
justiciero just, stern
justo right, correct, just
juventud youth, youthfulness

kilómetro kilometer (five-eighths
of a mile)

laberinto maze, labyrinth
lado side; al — de beside; de al
— adjoining, next; por todos —s
in every direction; por un — on
the one hand
ladrón thief, robber
lanzar throw, cast, launch
largo long
lástima pity, shame; tener — a
feel sorry for
lata tin, tin can
lavar wash
lazo tie, link, connection
leal loyal
lealtad loyalty
lector reader
lechero milkman
leer read
legumbre vegetable
lejano adj. far, distant
lejos adv. far, distant
lengua tongue, language
lentitud slowness
lento slow
león lion
lepidóptero having four wings
Lérida provincial capital in northeast Spain
letargo stupor, drowsiness
letrero sign
levantar raise, lift; —se get up,
rise
ley law
leyenda legend
libertad freedom, liberty

libre free
librería bookstore
libreta little book, bank book
libro book
licenciado licentiate, lawyer
líder leader, head
lidiar fight (bulls)
ligero slight, light
limpiapipas pipe cleaner
limpiar clean
limpio clean
lindo pretty, nice
lisonjero flattering
listo clever, keen; ready
loco mad, crazy
locuaz talkative, loquacious
locura madness
lograr succeed in, obtain
Londres London
lote consignment, shipment, lot
luego then; **hasta —** until then, "so long"
lugar place
lujo luxury; **de —** de luxe
lujoso luxurious, de luxe
luna moon
luz light

llamada call, knock (at door)
llamado called, so-called
llamar call, knock
llanta tire
llegada arrival
llegar arrive; **— a +** *inf.* succeed in
llenar fill
lleno full; **de —** fully, completely
llevadero bearable, tolerable
llevar take, carry, lead; **—se** carry off, take away
llover rain
lluvia rain

madera wood, lumber
madre mother
Madrid capital of Spain
madrileño inhabitant of Madrid
madrugada early morning (before sunrise)
maestría mastery
maestro master, teacher
majestuoso majestic
mal badly, poorly
maldito cursed, confounded; **maldita la cosa** a blessed thing, nothing
maleta suitcase
maletín small suitcase, bag
malhumorado ill-humored, out of sorts
malo bad, sick
mandar send, order, command; **— +** *inf.* order (have) something done
manejar handle, deal with
manera manner, means, way; **de ninguna —** by no means
manicura manicurist
mano hand; **estrechar la —** shake hands
manso mild, gentle
mantener keep, maintain
mañana morning; *adv.,* tomorrow; **pasado —** day after tomorrow
mar sea
maravilloso marvelous
marcar mark; dial (a telephone number)
marcha course, progress
marcharse go away, leave
marea tide
mareado seasick, dizzy
marfil ivory
margen edge, margin
marido husband
mariposa butterfly

mármol marble

Marte Mars

martirio martyrdom, torture

más more, most; sin — ni — without warning, just like that

masa mass, herd, *hoi polloi*

matinal *adj.* morning, early morning

mausoleo mausoleum, tomb

mayo May

mayor greater, older, oldest

medalla medal

mediano average, medium

medianoche midnight

médico doctor, physician

medida measure, proportion, steps; a — que as, in proportion as; hecho a la — made to order

medio means, middle; half; a medias halfway, partially

mediodía noon

mejicano Mexican

mejor better, best; — dicho rather, more precisely; a lo — most likely

mejora improvement

menor lesser, least; younger, youngest

menos less, except; a lo (por lo) — at least; — de less than (followed by numeral)

menosprecio scorn, contempt

mensajero messenger

mensual monthly, per month

mentira lie, falsehood; parece — it doesn't seem possible

mentiroso given to lying, liar

menudo: a — often

mercado market

merecer merit, deserve

mes month

mesa table

mesilla small table

meter put, put in; —se become; —se a begin to; —se en get into

metro meter (39.37 inches); subway

mezquino mean, base

miedo fear

miembro member

mientras while, as long as

mil thousand

milenario millenial, age-old

milla mile

mimar pamper, indulge

minuciosidad minuteness, meticulousness

mirada gaze, glance, look; echar una — take a look

mirar look (at), consider

misa Mass; — de requiem requiem Mass (sung for the repose of the dead)

miserable wretch; wretched

mismo same, very; lo — que just as, in the same way

mitin meeting (political)

moda style, vogue, fad; estar de — be in style, be in vogue

modo way, manner; de ese — in that way, like that; de — que so that; a mi — de ver in my opinion; de ningún — by no means

mojado wet, damp

molestar bother, annoy

molesto bothersome, annoying

monarquía monarchy

montón pile, heap

morir die

mostrador counter

mostrar show

mover move; —se move, budge

movimiento movement, motion

mozo boy; waiter; — de ascensor elevator operator

mucho a lot, much; (*pl.*) many;
  por — que however much
mudar change; —se de casa move
  (from one house to another)
mudez muteness, dumbness
mueble article of furniture; (*pl.*)
  furniture
muerte death
muerto *past part.* of morir
mujer woman, wife
mundanal worldly, of this world
mundo world; todo el — every-
  body
muñidor henchman; — de barrio
  ward heeler
muy very

nada nothing; not a bit
nadar swim
nadie nobody
nariz, narices nose
natación swimming
natal native, of one's birth
natural native to (of); natural
náufrago shipwrecked person,
  castaway
Navidad Christmas
neblina mist
necesitar need, have to
negar deny; —se (a) refuse to
negativa refusal; denial
negocio business deal, affair; (*pl.*)
  business (in general)
negro black
ni neither, nor; — siquiera not
  even
ninguno no, not any; none; any
  (after a negative)
niño child, boy; *pl.* children, boys
  and girls
nivel level
noche night; de — at night;
  esta — tonight

Noé Noah
nombre name
norte north
norteamericano North American,
  American (U. S.)
noticia news, piece of news
noticiario news reel
notorio well-known, notorious
novedad novelty, something new
novel new, inexperienced
novia sweetheart, girlfriend; novio
  boyfriend
nube cloud
nublado cloudy
nueve nine
nuevecito brand new, nice and new
nuevo new; de — again, anew;
  ¿qué hay de —? what's new?
nuez nut
número number
nunca never, not ever; más que —
  more than ever

o or
obligar oblige
obra work
obrero worker; *adj.*, working class
obscuro dark, obscure
obtener get, obtain
ocasión opportunity, occasion
ocultar conceal, hide
ocupar occupy; —se de (con)
  take care of, concern oneself with;
  ocupado en engaged in, busy at
ocurrir happen, occur; se le ocurre
  it occurs to him
ochenta eighty
ocho eight
odio hatred, hate
oeste west
oficina office
oficio trade, occupation
ofrecer offer

oír hear

ojalá would to God!, I hope so!, I hope that . . .

ojo eye; poner los —s en blanco roll one's eyes

olor aroma, smell

olvidar(se de) forget

once eleven

onda wave

oponerse (a) oppose, be opposed to

orden m. order, arrangement, orderliness; f. command

ordenar order, arrange, put in order

orgullo pride

orilla shore, bank; a —s de on the banks of

oro gold

oruga caterpillar

oscuro dark, obscure

otoño autumn

otro other, another

oveja sheep

oxidado rusted, rusty

padre father; —s parents

pagar pay (for)

país nation, country

pajarera aviary, bird house

pájaro bird

pala shovel

palabra word

palabrería fancy talk, empty words

palmada slap, blow with the hand

pan bread

panadería bakery

panadero baker

panameño Panamanian

papel paper; role

par couple, pair

para to, in order to, for, according to; ¿— qué? for what purpose?, why?

paraguas umbrella

parar stop, stay, rest

parecer seem, appear; —se a look like, resemble; ¿qué te parece? what do you think of . . . ?

pared wall

paréntesis parenthesis; entre — in passing, parenthetically

pariente relative

parque park; — de Chapultepec wellknown park in Mexico City

parroquiano customer

parte part; la mayor — de most, the majority of; en todas —s everywhere

particular private

partido party, game, match

partir leave, depart; a — de beginning with, starting from

pasado last, past; — mañana day after tomorrow

pasajero passenger; — en aboard; adj., temporary

pasar happen; pass, go by, enter; spend (time)

pasearse stroll, walk about, take a walk

paso step; a este — at this rate; a — lento walking slowly; de — in passing; dar un — take a step

pata foot, leg (of animals)

patán churl, boor; boorish

patria fatherland

pava teakettle used for preparing mate

pavo turkey; — real peacock

paz peace

pedazo piece, fragment

pedir ask (for), order

pegar stick, fasten

peinar comb

película film, movie

peligro danger
peligroso dangerous
peluquero barber, hairdresser
pensador thinker
pensar think, intend to; — **en** think about
Pentecostés Pentecost; **domingo de —** Whitsunday
peñasco crag, high rock
peor worse, worst; **lo —** the worst part of it
pequeñez smallness, triviality
pequeño small, little
perder lose, miss; **—se de vista** disappear from sight
perdonar pardon, forgive
perfumado fragrant, scented
periódico newspaper
permanecer remain, stay
permitir permit, allow
pero but
perplejo puzzled, perplexed
perro dog; *adj.* wretched, miserable
perseguir pursue
perspectiva prospect
pertenecer belong to
pesado heavy; boring, tiresome
pesar: a — de in spite of
pesca fishing
peseta monetary unit in Spain, worth slightly more than two cents
peso monetary unit in various Spanish American countries
petróleo oil; **calefacción a —** oil heat
pie foot; **a —** on foot; **de —** standing, on one's feet, up
piedra stone
pierna leg; **dormir a — suelta** sleep like a log
píldora pill
pintoresco picturesque

pintura painting, picture
piscina swimming pool
piso floor, story, apartment; **— alto** top floor
pista track, path
placer pleasure
planear plan
plano plan (blueprint, floor plan); level, plane
planta plant; floor; **— baja** ground floor
plantado planted, motionless, standing
plantear pose (a problem)
plato dish, plate, course
playa beach
plaza square; **— de Mayo** large square in Buenos Aires; **— de toros** bullring, arena
plazo installment, term
plebeyo plebeian, common
pleito lawsuit, litigation
pluma feather
población population; town, community
pobre poor, wretched
pobreza poverty
poco little; *pl.* few; **— interesante** uninteresting; **por —** almost; **por — que** however little; **— a —** little by little, gradually
poder be able; *n.*, power; **no — menos de** can't help but
poesía poetry
polaco Polish; Pole
política politics
político political; *n.* politician
polvo dust, dirt
poner put; **—se** become; **—se a** begin to; **eso me pone nervioso** that makes me nervous; **—se de pie** stand up, get up
poquito very little, slightly

por for, by, through, along, for the sake of; — la noche at night; — eso therefore, for that reason; — supuesto of course; ¿— qué? why?, el — qué the reason, cause

porque because

portal entrance, entry

portamonedas wallet, billfold

porte bearing, carriage

porteño of or pertaining to Buenos Aires

portero janitor

poseer possess

postura position

precario insecure, precarious, subject to risk

precio price, cost

precioso fine, beautiful

precipitadamente hurriedly, hastily

predicar preach

predilecto favorite, favored

preferir prefer

preguntar ask, inquire; —se wonder

prenda garment, article of clothing

preocupar worry, concern

preparativo preparation

presa dam

presentación introduction, presentation

prestar lend

pretender claim, pretend

primavera spring, springtime

primero first; at first

primo cousin; — hermano first cousin

principio beginning; al — at first

prisa haste, hurry; darse — hurry, make haste; de — hurriedly, quickly; no corre — there's no hurry; tener — be in a hurry

privado private

pro: en — de in favor of, on behalf of

procurar try, attempt

proeza prowess

profesor teacher

profundamente deeply

progresista progressive

prójimo fellow man, neighbor

promesa promise

prometer promise

pronto soon

propio own; very, same

proponer propose

propósito purpose; a — by the way

proteger protect

proveniente originating, coming from

provenir originate, arise, come from

próximo next

proyectar plan

proyecto plan

pueblo town

puerta door; dar con la — en slam the door on (in)

pues well, for, since

puesto past part. of poner; n. post, place, position; — que since, inasmuch as

pulir polish

pulmón lung

punto dot, point; en — on the dot, exactly

puntualmente promptly, punctually

que which, what, who, whom; conj. for, since, because

¡qué! what!, what a . . . ! how!, ¿por qué? why?

quedar(se) stay, remain, be left, be

quejarse (de) complain

quejumbroso complaining
querer wish, want, desire; **— decir** mean
querido dear, beloved
quien who, whom; **¿quién?** who? **¿de quién?** whose?
quince fifteen
quinto fifth
quitar remove, take away; **—se** take off (an article of clothing)
quizá perhaps

raíz root
rama branch, line (of merchandise)
ramal branch (of a railroad)
rapidez swiftness, rapidity
rapiña rapine, plunder
rareza queerness, peculiarity
raro rare; strange, queer
rasgo trait, characteristic
rato short time, while; **pasar el —** while away the time
rayo ray
raza race (of people)
razón reason; **tener —** be right
realidad reality; **en —** really, actually
reanudar begin again, carry on
reaparecer reappear
rebaño flock, herd
receptor receiver
recetar prescribe, give a prescription for
recibimiento reception hall, lobby
recibir receive
recién just, recently
recobrar recover, regain
reconocer recognize, admit, acknowledge
recordar recall, remember
recreo recreation, play; **patio de —** play area, play yard

redactor editor
reducido small, diminished
referir relate; **—se a** refer to
reflejo reflection
refrán proverb, saying; **bien dice el —** the old saying is right
régimen regime, program
regresar return, go back
regreso return
regular fair, average, so-so
reinado reign, rule
reinar reign, rule
reír laugh; **—se de** laugh at
reivindicación claim, demand, recovery
reliquia relic
reloj watch, clock; **— despertador** alarm clock
remedio remedy, help, recourse; **no tener más —** have no other recourse
remo oar; **bote de —s** rowboat
remontar rise, mount; **— el vuelo** soar, fly up
renacimiento renaissance
renunciar (a) give up, renounce
reparación repair
repente: de — suddenly
repetir repeat
reposo rest, repose
repugnar disgust, repel
resentir be resentful; **—se de** resent, suffer from
resfriado head cold
resolver resolve, decide
respecto a in respect to, in reference to
respetar respect
respeto respect
respirar breathe
restablecer re-establish
restos remains
resultado result

resultar   turn out to be, prove to be
resumir   sum up
retirada   retreat; **emprender la —**
beat a retreat
retirar   withdraw
retóricamente   rhetorically, orator-
ically
retraso   lateness, delay
retroceder   recede
reunión   meeting
revelar   reveal
revés   reverse; **al —** in the opposite direction, just the opposite
revista   magazine, review
revoltoso   rebellious
rey   king
riesgo   risk
rincón   corner
río   river
riqueza   wealth
risa   laugh, laughter; **cosa de —**
laughing matter
risueño   smiling, bright
rodear   surround
rodeo   detour, roundabout way
romper   break, tear, wear out
ropa   clothes
roto   *past part.* of romper
rotundo   full, round; resounding
rubio   blond
ruborizarse   blush, grow red
ruego   request, entreaty
ruido   noise
rumbo   direction, course

saber   know; find out, learn; know
how to, be able to
sabiduría   wisdom, knowledge
sabio   wise; wise man, sage
saborear   savor, taste
sacar   take out, remove, stick out
saco   bag, sack
sacristán   sexton

sacudir   shake; **—se** shake off
sagrado   sacred, holy
sala   room, hall; **— de clase** classroom
salado   salty
salario   wages, pay
salchicha   sausage
salida   departure
salir   leave, go out, emerge; **—
adelante** get ahead, advance
salón   living room
saltar   jump
saludable   healthy, healthful
saludar   greet, salute
salvador   *adj.* saving, rescue
salvavidas   lifesaving; **bote —**
lifeboat
San Sebastián   resort town on the
northern coast of Spain
sancocho   a type of stew, especially
popular in Panama
sangre   blood
santo   saint; holy, saintly
santuario   shrine, holy place
satisfecho   satisfied
seco   dry; sharp (of sounds)
seda   silk
sediento   thirsty, thirsting
seducir   attract, seduce
seguida: **en —** immediately, right
away
seguir   follow, continue, remain
según   according to; as
segundo   second
seguridad   safety, security
seguro   sure, secure; **—s** insurance
seis   six
selección   choice, selection
semana   week
sembrar   sow (seeds), scatter
semejante   like, similar, such
semiconsciente   semiconscious
sencillo   simple, mere

sensibilidad sensitivity

sentar seat; agree with; —se sit down

sentido sense, meaning

sentir feel, sense; regret, be sorry

señal sign, signal

señalar point out, indicate, point to

señor gentleman, lord; Mr., sir

señora lady; Mrs., madam

señorita young lady; Miss

sepulcral tomb-like, sepulchral

ser be; *n.* being, existence

seriedad seriousness

serio serious; en — seriously

servir serve; — de serve as

setenta seventy

Sevilla city in southern Spain, famous for its annual Spring fair

si if, whether

sí *adv.* yes (often used to give emphasis to verb: lo que sí sabemos what we *do* know); *pron.* himself, yourself, etc.

siempre always; de — usual, customary; — que whenever

siesta nap; echar una — take a nap

siete seven

siglo century

siguiente following, next

silla chair

simpatía liking, friendliness

simpático nice, likeable, pleasant

sin without

sino except; but, but rather (after a negative); no sólo . . . sino también not only . . . but also

sitio place

sobra extra, surplus; de — to spare

sobre on, above, over; — todo especially

sobrehumano superhuman

sociedad society

socorro rescue, help; venir en su — come to one's rescue

sol sun

soldado soldier

soledad solitude

soler be accustomed to, be in the habit of

solo alone; only, sole; a solas con alone with

sólo only, solely

soltero bachelor; single

sonar sound, ring

sonreír smile

sonriente smiling

sonrisa smile

soñador dreamer

soñoliento sleepy

soportar stand, put up with

sorber sip

sorprender surprise

sorpresa surprise; llevar una — be surprised

sosegar calm, quiet

sostener uphold, sustain, claim

súbito sudden

subir go up, climb, rise

subrayar underscore, stress

sudamericano South American

sudar perspire, sweat

sudor perspiration, sweat

suegra mother-in-law

suelo soil, ground, floor

sueño dream, sleep

suerte luck, fortune

suficiencia self-satisfaction, adequacy

sufridor long-suffering

sufrir suffer

sumamente very, extremely

superar surpass, excel

suponer suppose

supuesto: por — naturally, of course
sur south
sustancia substance

tabla chart, table, diagram
tal such (a); **¿qué —?** how?, how goes it?; **un —** a certain; **— vez** perhaps
talle figure, shape, build
también also
tampoco neither; not . . . either
tan as, so, very
tanto so much, as much, so many, as many; **no es para —** it's not that serious (important); **— Juan como María** both John and Mary (John as well as Mary)
taquilla ticket window (booth)
tardar take long; **— en** be long in
tarde afternoon; *adv.* late
tarea task, chore
té tea
teatralidad theatricality
techo roof
tema *m.* subject, theme; *f.* mania, fixation
temer fear, be afraid
temprano early
tender reach out, spread
tendero shopkeeper
tenedor de libros bookkeeper
tener have; **— que** + *inf.* have to
teniente lieutenant
tenista tennis player
tercero third
terminar end, finish; **— de** finish (doing something)
término term
terrateniente landowner
terreno lot (of land), terrain, ground

testarudez stubbornness
teutónico Teutonic
tibia shin bone
tiempo time; weather; **hacer buen —** be good weather
tienda store, shop
tierno tender
tierra land
timidez timidity
típico typical
tipo type; fellow, chap
tirar throw (away, out)
título title
toalla towel
tocar touch
todavía still, yet
todo all, every, each; everything
tomar take, get; have (drink)
tono tone, style
tontería nonsense, foolishness
tonto stupid, foolish
toque touch
torero bullfighter
tormentoso stormy
torno: en — around, about; **en — suyo** around him
toro bull; *pl.* bullfights
tortuga turtle
trabajador worker; *adj.* hard-working
trabajar work; **— de** work as
trabajo work; trouble
traductor translator
traer bring
traicionero treacherous
traje suit; **— de baño** bathing suit
tranquilizar calm down, soothe
tranquilo peaceful, calm
tranvía streetcar, trolley
tras behind, after
tratar (de) try, deal with, treat; **se trata de** it is a question of, it concerns

trato   dealings, relationship, associa-
tion
trazar   outline, mark out
trece   thirteen
treinta   thirty
tren   train
tres   three
triste   sad, forlorn
tristeza   sadness
triunfo   triumph
trono   throne
tumba   tomb, grave
tunante   loafer, bum
turismo   touring; **mapa de —**
road map

u   or (used instead of *o* before a
word beginning with vowel sound
o)
último   last, final
ultratumba   beyond the grave, the
next world
único   only, sole
Unicornio   the constellation Uni-
corn
uña   nail (of finger or toe)
usar   use, wear
uso   use; **hacer — de la palabra**
take the floor, talk

vaca   cow
vaciar   empty
vacilante   hesitant, indecisive
vacilar   hesitate
vacío   empty
vago   vague
valer   be worth; **— más** be better;
—se de make use of, avail oneself
of
valiente   courageous
valor   value, courage
vanidoso   vain, proud
vapor   steamer, steamship

variar   vary, change
varios   various, several
vaso   glass
vecino   neighbor, inhabitant, neigh-
boring
veinte   twenty
veinticinco   twenty-five
velado   veiled
veleta   weather vane
vencer   defeat, conquer, win
vender   sell
venir   come; **la (semana) que viene**
next (week); **— de negocios**
come on business; **lo ha venido
diciendo** he has been saying it
venta   sale, selling
ventaja   advantage
ventanilla   window (in a train, bus,
etc., or at a ticket office)
ver   see
verano   summer
veras: de —   really, truly
verdad   truth; **¿verdad?** isn't it?,
aren't they?, etc.
verdadero   true, real
vergüenza   shame
verter   pour, shed
vertiginoso   dizzy, giddy
vestigio   vestige, remains
vestir   wear, dress; **—se** get
dressed
vez   time, occasion; **otra —** again,
once more; **tal —** perhaps,
maybe; **en — de** instead of;
pocas veces seldom; **alguna —**
ever; **cada — más** more and
more; **una —** once; **una — por
todas** once and for all; **de — en
cuando** from time to time; **a la
—** both, at the same time; **de
una —** once and for all
vía   way, route; **— láctea** Milky
Way

viajante traveler, traveling; — de
  comercio traveling salesman
viajar travel
viaje trip, journey
viajero traveler
viciado foul, vitiated
vida life, livelihood
viejo old; old man
viento wind; hacer — be windy
virtud quality, virtue
vista sight, view
visto *past part.* of ver
viuda widow
vivienda dwelling, residence;
  barrio de —s residential area
vivir live
vivo living; lively, keen, alive,
  vivid
vocablo word, term

volante flying
volar fly
volver return, come back; — a +
  inf. do something again
voz voice
vuelta return; de — back, returned

y and
ya already, now; — que since,
  inasmuch as
yanqui Yankee

zaguán vestibule, entry
zapato shoe
Zaragoza provincial capital in
  northeast Spain
zorro fox
zumbido buzzing